シンプルで美しいキルトのための
25のパターンときれいに作るコツ

Traditional Quilts

作ってみたいトラディショナルキルト

有岡由利子
Yuriko Arioka

Prologue

はじめに

　ずいぶん長い間、キルト作りを楽しんでいます。

　キルトを作っていく中で私は、伝統的なパターンを使った
トラディショナルなキルトに心をひかれます。開拓時代「暖」
をとるために作られたキルトに、人々の想いに満ちた心を感
じるのです。キルトを作る女性、そしてそのキルトが出来上
がるのを心待ちにしている家族。身の回りの品からヒントを
得たデザイン、そして付けられた名前。

　この本では、私の大好きな暖かく夢のあるパターンを選び
ました。みなさんのよく知るパターンも、日本ではあまり見
かけないパターンもあります。そして、キルト作りが初めて
の方にも取り組みやすいサイズを中心にご紹介しています。

　きちんと美しいキルトを作るために、長年のキルト作りの
中で工夫してきたポイントやコツをわかりやすく解説してい
ます。知れば簡単にできることなので、みなさんのキルト作
りのお役に立つのではと思っています。

　トラディショナルキルトは素朴なキルトですので、使う布
によって表情が大きく変化します。みなさんが、大好きな布
を使ってキルト作りを楽しんでくださること、そして日々の
生活の中にキルトがある風景を願っています。

有岡由利子

Contents

はじめに 2

小さなキルト 6

かなとこ 8
アラウンドザワールド 10
メイプルリーフ 12
生命の木 14
ドランカーズパス 16
ナインパッチ 18
ダブルウエディングリング 20
オハイオスター 22
ベビーブロック 24
ダイヤモンドナインパッチ 26
おばあちゃんの花園 28、30
ログキャビン 32

少し大きなキルト 34

ハンズオールアラウンド 36
ムーンオーバーザマウンテン 38
モンキーレンチ 40
カンザストラブル 42
コロニアルバスケット 44
ハネムーンコテージ 46
湖の乙女 48
きつねとがちょう 50
フェザースター 52

大きなキルト 54

   ノースカロライナリリー　56

   ワイルドグースチェイス　58

   ファーマーズディライト　60

  ぬいぐるみとクッション　62

キルト作りに必要な道具と布　64

基本のキルトの作り方　65

ログキャビンの縫い方　68

ダブルウエディングリングの縫い方　69

カーブの縫い方／アップリケのしかた　70

ハンズオールアラウンドの縫い方　71

トラプントのしかた　72

How to make 作品の作り方　73

小さなキルト

20～100cmまでの小さめサイズのキルトは、気軽に取りかかれる一枚。初めて作る方はまずここから一枚、好きなパターンを選んで作ってみることをおすすめします。そしてキルト作りの仕組みが分かれば、もっと大きなキルトにチャレンジしてみてください。もちろん今までに何枚もキルトを作っている方には言うまでもありません。小さなキルトの気軽さとかわいらしさには、見るたびに心ひかれます。

かなとこ ／ anvil

かなとことは、漢字で書くと金床。鉄をたたいたり、金属の加工をする作業台のことです。元を知るとなかなかしぶくかっこいいいデザインに見えてきませんか。白地に紺の小花柄を合わせて、シンプルにきりりとまとめました。パターン同士がななめにつながるように、間のラティス（パターンなどのブロック同士をつなぐ帯状の布）に小さなフォーパッチ（四角つなぎ）を配置しています。

83×68cm　**How to make >> P.74**

memo

キルトは楽な方法できれいに作ることがいちばんです。こうしないといけない、ということはありません。
楽に、きれいに、楽しくを忘れずに。

アラウンドザワールド ／ around the world

中心から広がっていく形のパターンです。ピースは正方形で、周囲だけが三角形になります。正方形をつないでななめの帯状にし、帯同士をさらに縫い合わせます。ピーシング自体は簡単ですが、ピースの場所を間違わないように注意してください。アラウンドザワールド、世界中で。壮大な広がりを想像させてくれるパターンです。

21.5×21.5cm　　How to make >> **P.75**

memo

いちばん悩むのが布合わせ。まず、一枚の中に3色くらいの色が入っている布を選びます。
その布に合う布を選んでいくと布合わせの目安になります。

メイプルリーフ / maple leaf

カエデの葉をデザインしたパターンです。メイプルリーフにはいくつかの形がありますが、いちばんオーソドックスなのがこれ。9枚のパターンの間に細いラティスを入れ、周囲にはあえてボーダーを付けずにいっぱいの葉っぱを表現しました。

32×32cm　How to make >> **P.76**

technique

バイヤステープの簡単な作り方です。
①布幅×40cm（基本的には何cmでもかまいません）にカットし、裏向けて右端と下を合わせて折ります。
②折った辺に合わせて左側を折ります。
③そのまま45度回転して上下を平行にし、ロータリーカッターで好みの幅にカットします。これで長いバイヤステープが簡単に作れます。

① 　② 　③ 　

生命の木 ／ tree of life

生命の木のパターンにもいくつかの形があります。葉のピースが小さくて縫うのが大変かもしれませんが、出来上がったときに満足できるパターンです。2色の色合わせで作るのが基本です。大きなキルトにしても美しいですが、2枚を縦に並べた変形六角形の壁飾りに仕立てました。

59.3×33.5cm　　How to make >> **P.77**

memo

トラディショナルキルトでパターンを重視するなら、大柄の布や色数の多い布は避けたほうがきれいに見えます。

ドランカーズパス　／　drunkard's path

訳すと、酔っぱらいの小道。酔っぱらいが千鳥足でふらふらと歩いている様子を表しており、南北戦争後、アメリカの禁酒時代に生まれたパターンと言われています。正方形の中に1/4円を描いたピースを組み合わせて作るパターンです。1/4円の向きを変えてピースを縫い合わせると、別のパターンになります。正円のように組み合わせると「スノーボール」、半円とあとの2つは外向きに組み合わせると「マッシュルーム（きのこ）」、風車のように組み合わせた周囲に1/4がかけた円を配置すると「愚か者のパズル」。ほかにも「愛の指輪」「世界の不思議」などおもしろい名前のものがたくさんあります。

カーブのパターンは縫うのにコツがいります。70ページを参照してください。

63.6×51.6cm　　How to make >> P.78

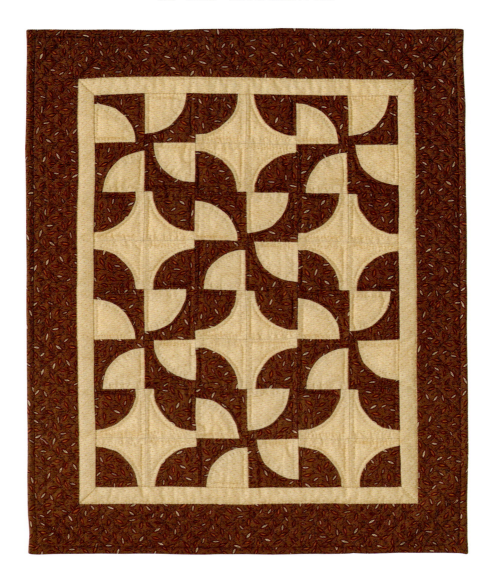

memo

トラディショナルキルトには無地を必ず入れます。無地のように見える小紋でもかまいません。
柄が小さい布を使うとアンティークキルトっぽい雰囲気になります。

ナインパッチ ／ nine patch

正方形9枚でできるパターンです。フォーパッチとともにパッチワークの基本になるパターン。ここではナインパッチと正方形を交互に縫い合わせて、ななめ格子のデザインにしました。正方形の部分に好きなキルティングを入れるのも楽しいデザインです。シンプルだからこそアレンジもしやすく、好きなパターンです。

56×44cm　**How to make >> P.79**

ダブルウエディングリング / double wedding ring

リングの一部分を共有しながら広がっていくパターンです。結婚指輪という名前の通り、ブライダルキルトとして作る人が多いようですが、周囲をカーブのままバインディングして仕上げる形がかわいらしく、普段使いのキルトとしても人気があります。2つのリングからどんどん広がっていく様子を、人とのつながりに見立てているとも言われています。リングをいくつ作りたいかによってキルトのサイズが決まります。69ページでパターンの縫い方を解説しています。

59×48.5cm　How to make >> **P.82**

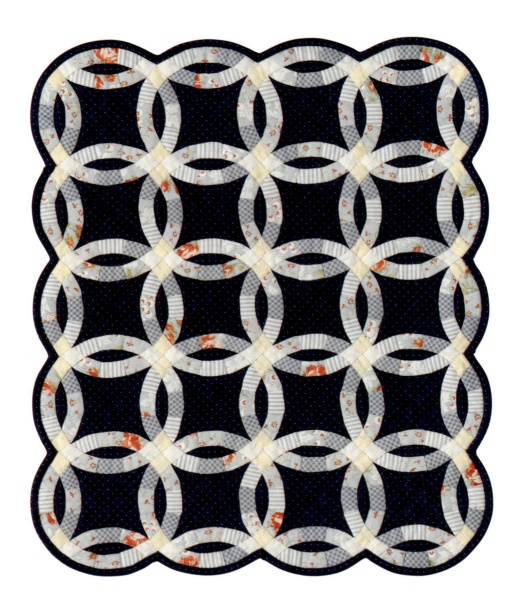

オハイオスター ／ ohio star

複雑なものが多い星のパターンですが、オハイオスターは分かりやすくて素朴な印象です。ここではひし形の向きのパターンにしていますが、定番は正方形のタイプ。パターンとパターンの間に布をセッティングする場合に、ひし形の向きの方がパターンの数を自由に選べます。

81.8×72.8cm　　How to make >> **P.80**

technique

周囲のボーダーに入れるキルティングラインの角が合わない、パターンと合わないということはありませんか。パターン、ボーダー、ラティスには公約数があることが必須です。公約数がない場合は、格子ではなくフェザーなど、自由に調整できるキルティングラインがおすすめ。オハイオスターのキルトの場合、パターンの分割の延長線上でキルティングラインを入れます。キルティングの格子の幅を決めて印を付けるのではなく、パターンの分割から出る幅で決めるときれいです。

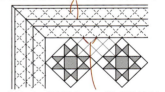

この格子の幅でキルティングラインの印をひかない

分割からの延長線上のこの幅で印を付ける

ベビーブロック ／ baby blocks

小さな箱が重なったパターンは、同じ形のひし形3枚でひとつの箱を作ります。薄い、中間、濃いの3種類にピースの色分けをして濃淡で立体的に箱の形に見せます。型紙もひとつでよく、単純なパターンですが、この濃淡分けがとても重要。布の並びを間違えないようにしてください。

42.5×33.2cm　　How to make >> **P.84**

technique

ベビーブロックはひし形の角が集まるので、縫い代を風車状に倒します。
重なった縫い代は、中に水を入れられる筆ペンで縫い代に水を付け、スチームの代わりにしてアイロンをあてると便利です。

ダイヤモンドナインパッチ / diamond nine patch

9枚のひし形を縫い合わせるのでダイヤモンドナインパッチと呼ばれているパターンです。正方形のナインパッチよりもキラキラ感があるように見えます。このキルトで基本のキルトの作り方を65ページから解説しています。

48.7×38cm　**How to make >> P.85**

memo

布に濃い鉛筆で印を付けた場合は、書いた後にセロハンテープを線の上にはってはがします。鉛筆の粉が取れてキルトが黒ずみにくくなります。消しゴムで線を消すときは、布目に沿ってこすります。

おばあちゃんの花園 ／ grand mother's flower garden

同じ大きさの六角形をつなぎ、配色で花が咲く庭のように見せた人気のパターンです。花は六角形7枚で1セットが基本ですが、周囲にもう一周咲かせると大輪になります。このように花の間に道を付けても、花同士が隣り合うように配色してもすてきです。

60×50.5cm　How to make >> **P.86**

technique

六角形を帯状につなぎ、帯と帯を縫い合わせます。
このとき縫い代は同じ方向に倒しておき、縫い合わせてから風車状に倒します。

おばあちゃんの花園 / grand mother's flower garden

28ページと同じパターンで、六角形のサイズ違いです。こちらは周囲にボーダーを付けました。黒地と白地でずいぶんと印象が変わります。黒地はピースのきわに落としキルティング、白地は花の周囲のピースの内側にキルティングをしています。

47×37.2cm　How to make >> **P.87**

memo

ボーダー布をカットするときは、外側になる縫い代を2cm付けておくと安心です。

ログキャビン / log cabin

ログキャビンとは丸太小屋のこと。中心の赤は暖炉を表しています。帯状の布を中心からぐるぐると縫い付けて作ります。ログキャビンのおもしろいところは、配色や配置を変えると名前が変わること。「明暗」「裁判所の階段」「煙突と四柱」などが有名です。このキルトは明暗の配色。パターンをつなぐことでさらに模様を生み出すのもおもしろさのひとつです。ログキャビンの縫い方を68ページで解説しています。

53.8×38cm　**How to make** >> **P.88**

memo

キルトは使って色あせてきても、それがアンティークのようないい味になります。
このログキャビンのキルトは昔作ったもの。やわらかくなり、色も落ち着いて生活に馴染んできています。

少し大きなキルト

100〜150cmまでのちょっと大きめサイズのキルトです。ベッドカバーサイズを作る前に楽しんで作ることができるサイズです。ソファやいすなど、ちょっとかけたり敷いたりして使えます。壁の少ない日本の家にも飾れるくらいの大きさです。このくらいの大きさになると、キルトを作った実感もわいてくるはずです。

ハンズオールアラウンド / hands all around

訳すると、あちこちに手を出して。1：√2の比率で分割して製図します。ボーダーは格子のキルティングですが、パターンとパターンの間のラティスは3つのカーブにしています。簡単そうに見えて複雑なパターンなので、パターンの縫い方を71ページで解説しています。

137.8×109.6cm　**How to make >> P.90**

technique

カーブのキルトラインを描くときは、それぞれ出来上がり線から1cm内側にカーブの頂点がくるようにします。入れたいカーブの数で等分してひとつのカーブの長さを出し、フリーハンドで描きます。

ムーンオーバーザマウンテン／moon over the mountain

山の上の月の名前の通りのデザイン。すごくシンプルでインパクトのあるパターンです。昔、ぼろぼろのアンティークキルトと海外の本で見たきりお目にかかっていません。とてもモダンですてきなパターンだと思いませんか。そのパターンは空と月の中心に分割線が入り、ピーシングで作っていましたが、中心に線が入るのが美しくなかったので空に月と山をアップリケしました。キルトは夜の月、クッションは夜明けの月をイメージしています。アップリケのしかたを70ページで解説しています。

キルト128×104cm　クッション30×30cm　How to make >> **P.92,93**

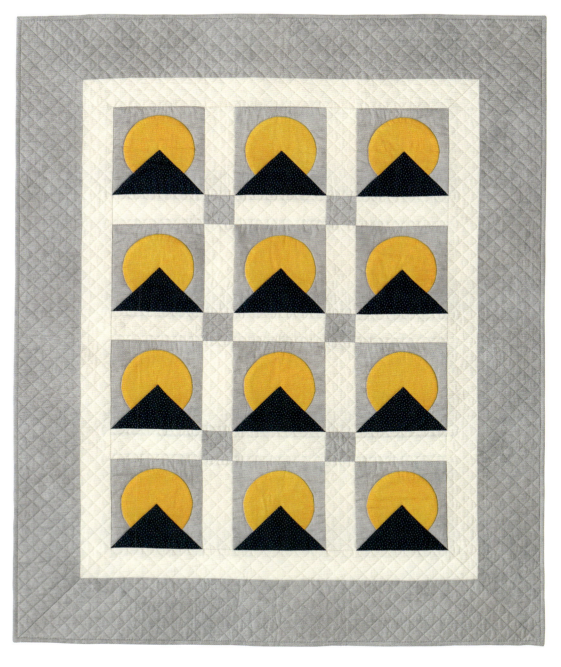

モンキーレンチ / monkey wrench

モンキーレンチとは、工具のひとつでボルトをはさむ部分が調節できるレンチのこと。昔からDIYが盛んなアメリカならではのパターンと言えるかもしれません。ちなみに配色を変えれば「グリーククロス（ギリシャ人の十字架）」というパターンになります。パターンと無地を交互に配置して、無地にはフェザーの花のキルティングを入れています。優しい花のカーブと直線的なパターンが好対照です。

101×101cm　　**How to make >> P.94**

technique
まち針は下向きにうっています。縫い代の0.7～1cmの幅にうつよりも、広い面積を留めたほうがしっかりと留められるからです。布に針の穴があくことを心配する人もいるかもしれませんが、後からしつけとキルティングをするので同じことです。

カンザストラブル / kansas trouble

このパターンもアメリカならではの名前で、開拓者がトラブルなく戻ることを祈って作られたパターンだと言われています。三角形のピースが多いので向きを間違えないように注意してください。シックなグリーンに鮮やかな赤がきりりと映えて、全体を引き締めています。

116×92cm　　How to make >> P.96

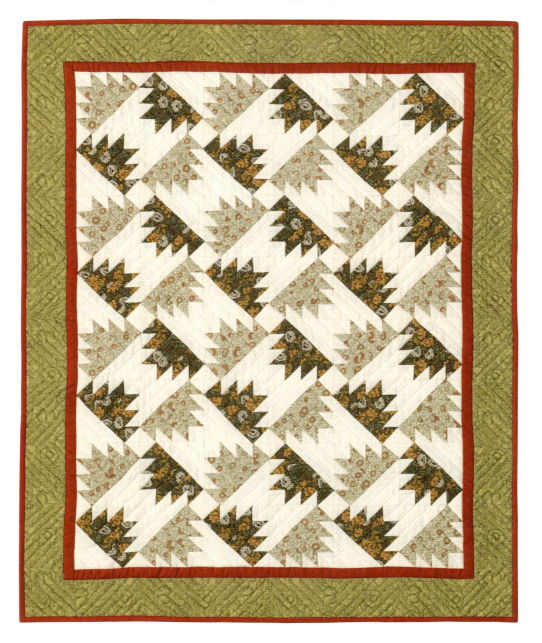

technique

ラティスやボーダーを付けるときは、10cmごとに合印を付けておき、合印やピーシング部分で返し縫いをすると安心です。糸が動かないようになり、部分部分での調整がきき、糸をきれいに引けるようになります。

コロニアルバスケット ／ colonial basket

植民地時代のバスケットというパターンです。バスケットのパターンはたくさんありますが、このようにまっすぐ配置されているのは数えるほどしかありません。縦と横でラティスの太さを変えて、バスケットを棚に並べたようなおもしろさを出しました。持ち手の部分は、持ち手のピース4枚をピーシングしてから白地にアップリケしています。白地に分割線を入れて持ち手とピーシングしてもかまいませんが、線が入らない方が美しく見えます。

118×106cm　**How to make >> P.98**

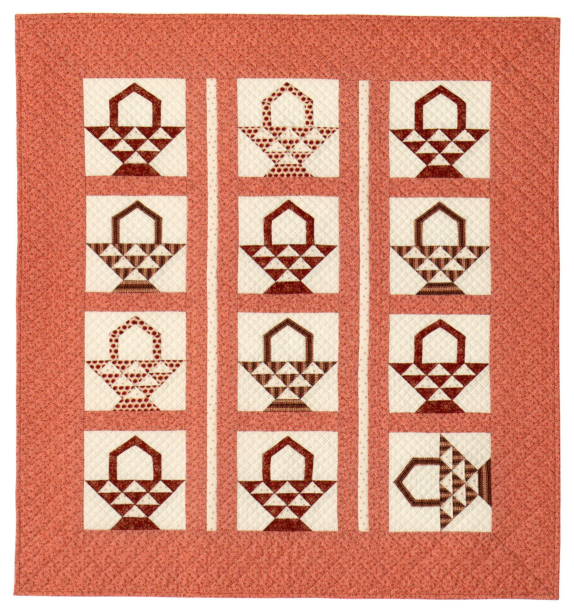

memo

右下のバスケットはわざと横向きにセッティングしています。これは「完全なのは神様だけ」という神をおそれ敬う気持ちから、完璧なキルトを作らずにどこか1か所に間違いを入れる習慣を再現しました。1830年代のキルトによく見られます。

ハネムーンコテージ ／ honeymoon cottage

アメリカの雑誌で見たことがありますが、日本ではなかなか見ない古いパターンです。このパターンが作られた時代は、今で言うハネムーンとは違ったかもしれません。長方形のパターンなので、縦横がそろわずに格子のキルティングが入れにくいときは、間に別のキルティング（ここではハート）をはさむことできれいにおさまります。

125×118cm　**How to make >> P.100**

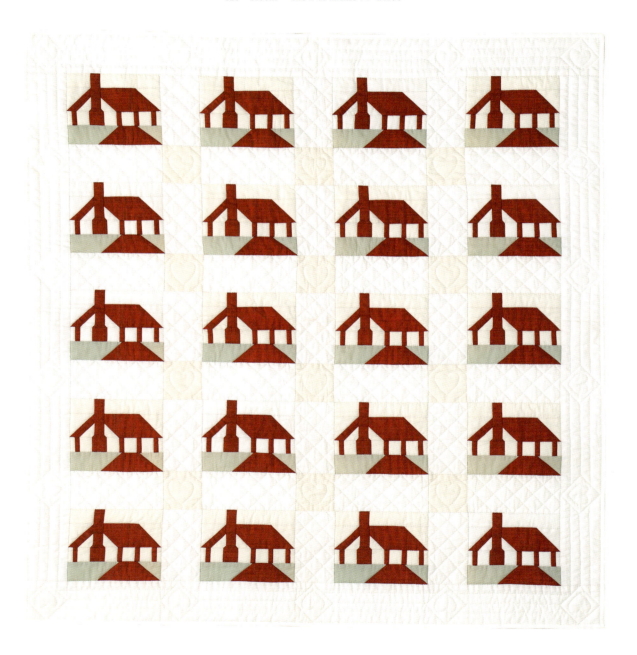

湖の乙女 ／ lady of the lake

なんともロマンチックな名前のパターンです。イギリスの詩人、サー・ウォルター・スコットが書いた物語詩「The Lady of the Lake」が人気となり、そこから名付けられたパターンです。ピンクと白でかわいらしく清楚な雰囲気に仕上げました。

96.2×147cm　　**How to make >> P.102**

technique

ボーダーなどの長い布をきれいにカットする方法。アイロンをあて、まず耳をロータリーカッターでカットします。
耳がまっすぐとはかぎらないので、布目を見て合わせましょう。あとは定規を合わせてロータリーカッターでカットします。
いっきに長い距離を切ろうとせずに、肩幅くらいの距離でこまめに定規をずらしながら進めます。
布目を合わせるときは、糸を1本抜き、そのラインをまっすぐの目安にする方法もあります。

きつねとがちょう / fox and goose

「ばあやのパズル」という名前でも呼ばれているパターンです。これも22ページのオハイオスターと同じようにひし形にセッティングしました。しっかりとボーダーの幅をとり、三角形のピーシングを入れて凝ったデザインに。

132×112cm　**How to make >> P.104**

memo

キルトは1人の手で製作することをおすすめします。
人によって糸の引き方が違うので、サイズなどに微妙な違いが生まれ、完成したときにでこぼこしたキルトになる可能性があるからです。
ただしプレゼントやボランティアなどでよく見られる、
みんなでおしゃべりをしながらキルティングをする集まり「キルティング・ビー」は別です。

フェザースター / feathered star

永遠の人気、赤と白のキルトをフェザースターのパターンで。フェザースターにはたくさんのバリエーションがあり、共通するのはスターの周囲に三角形をピーシングして羽のように見せていることです。

130×130cm　**How to make >> P.106**

technique

ピースの多いパターンは少し縫い縮むことがあります。縫い縮んだ場合でも、周囲のボーダーは最初の展開図通りの数字で進めます。
ボーダーをブロック（パターン）に合わせて合印を付け、さらにその間にも細かく印をします。
合印を合わせて縫い、ブロックごとにサイズを調整していけば大丈夫です。合印では返し縫いをします。

大きなキルト

150cm以上のベッドカバーサイズのキルトです。キルトの醍醐味が味わえるのは、やはりこのサイズ。作るのに時間がかかりますが、完成したときのうれしさは格別です。トラディショナルキルトの場合は、パターンを小さくしすぎないほうがかっこよく作れます。アンティークキルトになるまで大事に使っていきたい一枚です。

ノースカロライナリリー / north carolina lily

かわいいゆりのパターンです。白地に赤のゆりの花が定番の色合わせ。レトロでもありモダンにも見えるパターンです。白地のピースにはフェザーの花、ボーダーにもフェザーのキルティングが入っています。同じ大きさのパターン一枚でクッションにしてもすてきです。

キルト212×176cm　クッション36×36cm　**How to make >> P.108,109**

ワイルドグースチェイス ／ wild goose chase

このように三角形をクロスに並べるタイプと、上下に直線に並べるタイプがあります。直線に並べると、「フライングギース」という名前で呼ばれることが多くなります。中心の赤をポイントにしてシンプルにまとめて、派手さはなくてもいつ見ても新鮮で飽きずに使えるキルトにしました。

212×178cm　　**How to make >> P.112**

ファーマーズディライト / farmer's delight

訳すると、農夫の喜び。ぎざぎざのピースをたくさんつなぐので難易度は高くなりますが、美しく存在感があるので人気のパターンのひとつです。パターンに合わせて、ボーダーにレースのようなアップリケとトラプントで模様を浮き出させる凝ったデザインにしました。丁寧に時間をかけて作りたい一枚です。トラプントのしかたを72ページで解説しています。

190×190cm　**How to make >> P.110**

ぬいぐるみと
クッション
stuffed animals, cushion

あまった布で簡単なぬいぐるみやクッションを作って楽しんでいます。定番のテディベアに、あひるとねこは半立体です。クッションはハニービーのパターン。4匹の蜂が頭を突き合わせています。羽と胴はアップリケです。

クッション 30×54cm
テディベア 高さ39cm
ねこ 40×26cm
あひる 21.5×27.5cm
How to make >> P.113, 114, 116, 118

キルト作りに必要な道具

キルトは布と針と糸があればできますが、これだけはそろえておくとスムーズに作れるという基本のセットです。

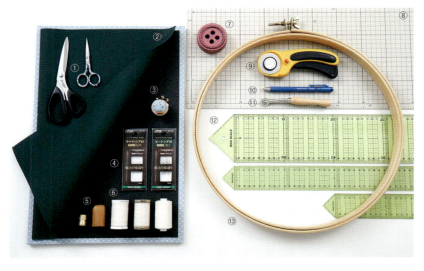

①裁ちばさみと糸切りばさみ ②パッチワークボード ③ピンクッションとまち針 ④キルティング針とピーシング針 ⑤金属製シンブル（キルトを下から持ちあげる手用）と革製シンブル（針を持つ手用） ⑥左からピーシング・アップリケ用糸、キルティング用糸、しつけ糸 ⑦ウェイト（文鎮） ⑧カッターマット ⑨ロータリーカッター ⑩印付け用シャープペンシル ⑪ルレット ⑫バイアススケール（定規） ⑬キルティングフープ40cm ⑭アイロンとアイロン台

トップ（表）用の布

好みの布を使います。トラディショナルキルトでは無地も用意しておきます。白はよく使うので、好みの白を探しておくと便利です。

色の系統をそろえて選ぶと全体がまとまります。大きすぎる柄は使わずに、一枚の中に3色くらいまでしか使っていない小紋を選ぶとトラディショナルキルトっぽくなります。

裏打ち布

裏打ち布とは裏になる布のこと。表に色が響かない布なら何でもかまいませんが、表に合わせてすてきな布を選びたいものです。

白からベージュなど薄い色の布。大きなキルト以外は、縫い合わせずに一枚で使うので大柄やボーダー状の布もおしゃれです。

キルト綿

トップ（表布）と裏打ち布（裏布）の間にはさむシート状の綿です。使うキルト綿によって、キルトの厚みも変わってきます。

厚みや密度がさまざまなので、好みのものを使ってください。ここでは厚すぎず密度のあるドミットタイプのキルト綿を使っています。

便利道具

基本の道具以外の、あると便利なお役立ちグッズです。主に印付けの道具を使っています。

左はエコーキルトガイド。アップリケの輪郭に沿って、等間隔でキルティングの印が付けやすい小さな定規。右上はスタンプとインクパッド。四角や三角などの形が縫い代付きでスタンプできます。右下はミニミニはさみ。かわいくて、しっかり切れてかさばらないので外出用に。

基本のキルトの作り方

26ページのダイヤモンドナインパッチのキルトで、キルト作りの基本を解説します。
キルトの大きさが変わっても作り方は同じです。

材料

ピーシング用布各種　A用布 110×30cm
キルト綿、裏打ち布各50×60cm
バインディング用幅4cmバイヤステープ190cm

展開図・型紙は85ページ参照。

①
型紙を作ります。パッチワークボードのざらざら面に図案を乗せ、半透明のプラスチックシートを重ねて印を付けたらカットします。

②
ボードの上に布の裏を上にして乗せ、型紙を合わせて印を付けます。鉛筆でもペンでもかまいません。角にもきちんと印を。

③
縫い代0.7cmを付けてカットします。パターンスタンプに同じサイズのものがある場合は、スタンプを使うと便利です。

④
ひし形のピース9枚でひとつのパターンです。並べて色の場所を確認します。ななめの帯状に縫い合わせていきます。

⑤
ピース2枚を中表に合わせてまち針で留めます。印と印をきちんと合わせ、上から下にまっすぐずれないように留めます。

⑥
印から印まで縫います。糸の端に玉結びをして印に針を入れてひと針縫い、ひと針返し縫いをします。

⑦
印まで縫ったら縫い始めと同様にひと針返し縫いをし、玉止めをします。玉止めの糸は縫い代分を残してカット。これは糸端が表に出ないようにするためです。

⑧
ピースを3枚ずつ帯状につないだものを3本作ります。縫い代は、帯で交互になるようにひとまず片倒しします。

⑨
帯同士を縫い合わせます。印を合わせてまち針で留め、印から印まで縫います。接ぎ目の前でひと針返し縫いをし、縫い代を縫わないようによけて次のピースに針を出します。ここでもひと針返し縫いをして、接ぎ目がずれないようにします。

⑩ パターンが縫えたら、ブロック（パターンなど大きなまとまりや布）同士を縫い合わせます。縫い方はパターンと同様です。

⑪ すべて縫えたら、トップの完成です。位置が間違っていないか確認します。

⑫ 縫い代を倒します。縫い代が重なる部分は風車状に倒して平らにします。

⑬ 大きめにカットした裏打ち布（裏を上に）、キルト綿、トップの順に3層に重ね、手でたたくようにしてなじませます。

⑭ 中心から放射状にしつけをかけます。左右、上下、さらに角に向かってかけ、最後に周囲の出来上がりにもしつけをかけます。

⑮ キルティングラインの印を付けます。直線の場合はルレットで、曲線の場合は鉛筆で印を付けます。

⑯ キルティングフープをはめます。キルティングしやすいように、中心を手で押して、少しゆるみを持たせます。

⑰ 中心の裏打ち布側から針を入れ、糸を引いて玉結びを布と綿の中に引き入れます。ひと針返し縫いをしてキルティングを始めます。両手の中指にシンブルはめます。

⑱ フープの下に手を入れてシンブルで3層を持ち上げます。そこに垂直に針を入れて針先で3層をすくいます。3、4針縫ったら中指で針を押して糸を抜きます。

⑲ キルティングの針目の大きさをそろえるときれいに見えます。出来上がりの0.7～1cm外側までキルティングしておくと、縫い縮んだときも安心です。

⑳ 出来上がりにかけたしつけから外側にバインディングの1cmをとって線を引き、定規をあててロータリーカッターでカットします。周囲以外のしつけをはずします。

㉑ バイヤステープを作り（12ページ参照）、長さが足りない場合はつないで長くします。2本を中表に合わせてへこみからへこみを縫います。広げてまっすぐなのを確認し、飛び出した縫い代はカットします。

22 バイヤステープに縫い代の印を付けます。半分に折ってアイロンで押さえ、さらに半分に折って四等分にします。鉛筆等で線を引くとゆがむ原因になるのでアイロンで押さえます。

23 トップにバイヤステープを中表に合わせ、端を合わせてまち針で留めます。付け始めはキルトの下側から。バイヤステープの端を10〜15cmほど残して縫い始めます。

24 下までしっかり針を出して縫います。角まで縫ったらひと針返し縫いをします。角は額縁仕立てをするので、まち針を45度に留めて目安にします。

25 次の辺にバイヤステープを合わせます。目安のまち針に沿ってテープが折られ、角に布が三角形にあまっている状態です。

26 角のバイヤステープに針を通して次の辺に出します。

27 次の辺の縫い始めでもひと針返し縫いをし、角から針を出します。そのまま同様に縫い進みます。

28 最後はテープの始めと終わりをそれぞれ45度に折って突き合わせ、テープ同士のみをまち針で留めて縫います。

29 縫い代0.7cmで余分なテープをカットし、縫い代を割ります。まち針で留めて最後まで縫います。

30 バイヤステープを裏打ち布側に折り返し、縫い代をくるみます。テープを付けた縫い目の上に合わせてテープの輪をまつります。

31 角までまつったらいったん針を止め、次の辺の縫い代をテープでくるんでまち針で留めます。自然に角が45度に折りたたまれます。

32 角をひと針まつって次の辺に針を出し、同様にまつっていきます。一周まつり終わったら、周囲の見えているしつけをはずし、完成です。

67

ログキャビンの縫い方

32ページのログキャビンのパターンは、帯状の布をぐるぐると縫い付ける、特徴のある縫い方をします。

台紙や布の上に、同じ幅の帯状の布を中心から順に縫い付けます。簡単できれいに出来上がる方法です。

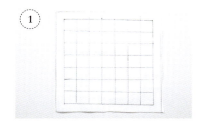

布に1.2cm間隔で格子の線を引きます。7×7格子です。出来上がりは8.4×8.4cmで縫い代を0.7cm付けています。

使いたい布を数枚重ね、ロータリーカッターで2.6cm幅にカットします。

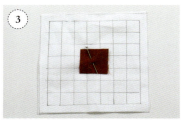

中心になる2.6cm角の布をまち針で留めます。

同じサイズの布を、中心の布に中表に合わせて格子の印に沿って布端から布端まで縫います。

布をひらき、印に沿って折ります。これで2枚目が縫えました。

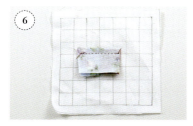

次の3枚目は左側に縫い付けます。1枚目と2枚目を合わせた長さにカットし、⑤に中表に合わせて同様に縫います。

3枚目の布をひらき、印に沿って折ります。これをぐるぐると順番にくり返して、どんどん長い帯状の布を縫い付けます。

最後の帯がいちばん長くなります。完成です。

ダブルウエディングリングの縫い方

20ページのダブルウエディングリングは、見ただけではどの順番で縫い合わせているのか分かりにくいパターンです。ゆるやかなカーブ縫いもあります。

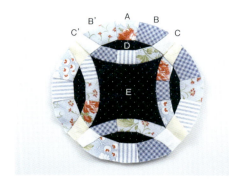

リングの部分は紺の布をはさんで対象になっています。リングの中心がA、Aの左右をB、B'（Bを反転）、角になるのがC、C'（Cを反転）、リングの間がD、中心の大きなピースをEとします。Dのピースはバイヤスにカットします。

①

Aの両側にBとB'を縫い、帯状にします。印を合わせて、印から印まで縫います。

②

反対側の帯も同様に縫います。Aの両側にBとB'、さらにその両側に角のCとC'を縫います。

③

次に①で縫ったABとDを中表に合わせて縫います。へこんだカーブになるABの方を手前に見て合わせ、接ぎ目の前と後でそれぞれ返し縫いをします。縫い代はよけて、一緒に縫わないようにします。縫い代の半分の幅に切り込みを入れておくとカーブが合わせやすくなります。

④

③で縫ったABDに②で縫ったABCを縫い合わせます。縫い方は③と同様です。

⑤

Dの周囲にリングが付きました。これを4つ同様に作ります。

⑥

⑤のリングのまとまりとEを縫い合わせます。Eの縫い代に切り込みを入れ、へこんだカーブEを手前にして縫います。

⑦

Eの周囲に4つ縫い合わせたら完成です。縫い代は裁ちそろえて片倒しにします。角の部分は縫い代が重なるので、風車状に倒してもよいでしょう。

カーブの縫い方

16ページのドランカーズパスのパターンでカーブの縫い方を解説します。ダブルウエディングリングよりも急なカーブです。

パッチワークに必ずあるのがカーブのパターンです。縫い代を付けてピースをカットすると、必ずでっぱったカーブの方が長くなり、へこんだカーブの方が短くなります。縫い代の長さの違うピースをきれいに合わせて縫うコツです。

ピースをカットします。カーブの3か所に合印を付け、へこんだカーブの縫い代に切り込みを入れます。切り込みは縫い代の幅の半分までです。

ピースを中表に合わせ、印を合わせてまち針で留めます。一気に端から端までのカーブを合わせるのではなく、半分だけ角と合印を合わせます。

印からひと針返し縫いをして縫い始めます。合印で返し縫いをし、半分まで縫います。切り込みを入れているので、広がって縫いやすくなっています。

もう半分も同様にして合わせて、印まで縫います。カーブがきれいに縫えました。

アップリケのしかた

38ページのムーンオーバーザマウンテンのパターンでアップリケのしかたを解説します。

グレーの台布の上に、月の丸と山の直角のアップリケをします。きれいな丸と山の頂点の角を出すのがポイント。大きな面積をアップリケしたときは、布の重なりを少なくするために台布（下の布）をくり抜きます。ここでは山部分だけをくり抜きました。

台布に型紙を合わせて山の印と月の印を付けます。

月のカーブの縫い代をぐし縫いし、型紙を入れて引き絞ります。アイロンで押さえて形を整えます。

台布の印に合わせて重ね、小さな針目でまつります。

山のピースを印を合わせて重ね、直線部分を角までまつります。針先で次の辺の縫い代を入れ込み、頂点をひと針まつってから次の辺に進みます。

ハンズオールアラウンドの縫い方

36ページのハンズオールアラウンドは、カーブとはめ込み縫いのあるパターンです。布端から布端まで縫うのではなく、印から印までで縫い止めることを忘れずに。

周囲のひし形部分と中心の八角形とに分けて縫います。中心はカーブ縫い、ひし形部分は2辺や3辺をはめ込み縫いをするパターンです。

ひし形2枚を中表に合わせ、印から印まで縫います。

①のひし形をひらき、V字の間になる三角形を合わせてはめ込み縫いをします。角まで縫ったら返し縫いをします。

もう一枚のひし形の辺と合わせ、縫い代をよけて次の辺を縫います。このパーツを8つ作ります。

③のパーツ2枚を縫い合わせます。そこに角になる正方形のピースを②と同様にはめ込み縫いをします。

パターンの角になるパーツができました。③のパーツを同様にして縫い合わせ、4つにまとめます。

中心のへこんだカーブのピースに、でっぱったカーブの周囲のピースを縫い合わせます。カーブの縫い方は70ページ参照。

カーブを4か所縫ったら、飛び出した正方形のピースを縫い合わせます。

⑦の角に⑤のパーツを合わせ、一辺ずつはめ込み縫いします。角では返し縫いをし、縫い代をよけて縫います。

ひし形の角が集まった部分も角の手前で返し縫いをし、縫い代をよけて次の角に針を出して返し縫いします。

角にひし形のパーツが縫えました。ほかの3つの角にも同様に縫ったら完成です。

トラプントのしかた

トラプントとは、模様をキルティングし、裏から毛糸や綿を詰めてさらにふっくらと模様を浮き出させる手法です。
60ページのファーマーズディライトのキルトのボーダーに、トラプントの模様が入っています。

①
毛糸とじ針に毛糸を通します。毛糸は一般的な中太でかまいません。トラプント用の毛糸もあります。

②
図案をキルティングします。ここでは分かりやすいように赤い糸でキルティングしています。

③
裏からキルティングとキルティンの間、図案に沿って針を入れます。細い部分は1本取り、太い部分は2本取りにします。

④
糸を少し残してカットします。糸をぎりぎりではなく少し残してカットするのは、端までふっくらとさせるためです。

⑤
針で残した糸を丁寧に少しずつ入れ込みます。面積の広い部分は、この工程をくり返して、端から端まで入れます。

⑥
次に細長いカーブ部分に入れる方法です。図案の端から針を入れ、カーブで一度針を出します。そのまま再度同じ場所に針を入れます。

⑦
カーブで出した糸は引ききらずに少し残して針を進めます。これをくり返して端まで入れます。

⑧
カーブで出した糸を針で少しずつ丁寧に入れ込みます。最後に広げた布目を針で戻して、穴が目立たないようにしておきます。

How to make
作品の作り方

- 図中の数字の単位はcmです。
- 構成図や図案の寸法には、特に表示のない限り縫い代を含みません。通常、縫い代は、ピーシングは0.7cm、アップリケは0.5cm、仕立ては1cmを目安に付けます。裁ち切りと表示のある場合は、縫い代を付けずに布を裁ちます。
- 布などの用尺は少し余裕をもたせています。
- 指示のない点線は、縫い目、キルティングライン、ステッチのラインを示しています。
- キルティングをすると少し縮むので、周囲の縫い代に余分を付けておきます。
- 拡大率の記載のないものは実物大です。拡大率のあるものは、記載の倍率に拡大コピーしてご使用ください。
- 基本のキルトの作り方は65ページを参照してください。また、各ページにmemo、techniqueなどのポイントを掲載していますので参考にしてください。
- 作品の出来上がりは、図の寸法と多少の差が出ることがあります。

【ピース】型紙で印を付けて裁った最小単位の布のこと。
　　　　　ピースを縫い合わせることをピーシングと言います。

【ブロック】パターンなど、キルトのデザインを構成するひとつ。

【ラティス】ブロック同士をつなぐ帯状の布。

【ボーダー】ブロックの周囲に付ける帯状の布。

【トップ】キルトの表布。ピーシングしているものも、一枚布もあります。

【バインディング】キルトの周囲の縫い代をバイヤステープなどでくるんで始末すること。

【キルティング】裏打ち布、キルト綿、トップの順に重ねて、
　　　　　　　　小さな針目で3層を一緒にステッチすること。

【落としキルティング】ピースやアップリケの縫い目のきわに入れるキルティングのこと。

P.8 ◆ かなとこ

材料
A用布110×50cm　B用布(ラティス、ボーダー、バインディング用幅4cmバイヤステープ310cm分含む)110×150cm　キルト綿、裏打ち布各80×100cm

出来上がり寸法
83×68cm

実物大型紙　89ページ

作り方のポイント
◆キルトの作り方順序は65ページ参照。

作り方
① ピーシングをしてトップをまとめる。
② 裏打ち布、キルト綿にトップを重ね、しつけをかけてキルティングする。
③ 周囲をバインディングで始末する。

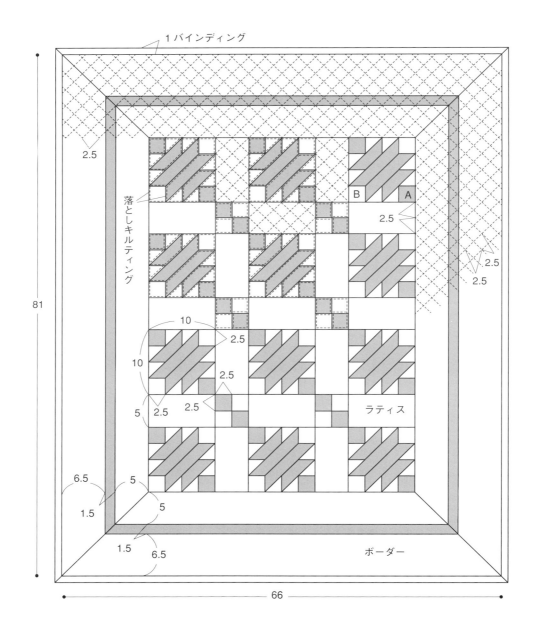

P.10 ◆ アラウンドザワールド

材料
ピーシング用布各種　ピーシング用布(バインディング用幅3.5cmバイヤステープ100cm分含む) 110×30cm　キルト綿、裏打ち布各30×30cm

出来上がり寸法
21.5×21.5cm

作り方のポイント
◆キルトの作り方順序は65ページ参照。

作り方
① ピーシングをしてトップをまとめる。
② 裏打ち布、キルト綿にトップを重ね、しつけをかけてキルティングする。
③ 周囲をバインディングで始末する。

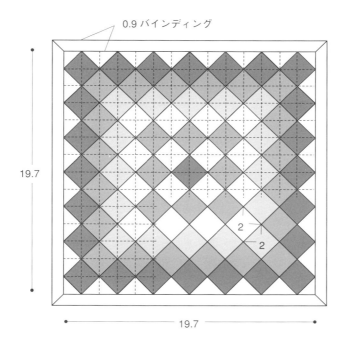

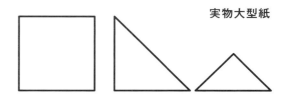

実物大型紙

P.12 ◆ メイプルリーフ

材料

A用布80×30cm　B用布(ラティス、バインディング用幅4cmバイヤステープ140cm分含む)95×95cm　キルト綿、裏打ち布各40×40cm

出来上がり寸法

32×32cm

作り方のポイント

◆キルトの作り方順序は65ページ参照。

作り方

① ピーシングをしてトップをまとめる。
② 裏打ち布、キルト綿にトップを重ね、しつけをかけてキルティングする。
③ 周囲をバインディングで始末する。

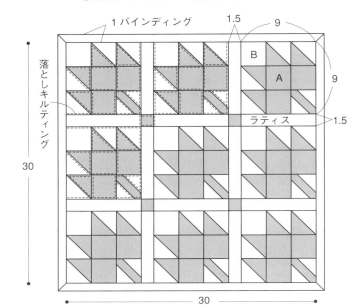

実物大型紙

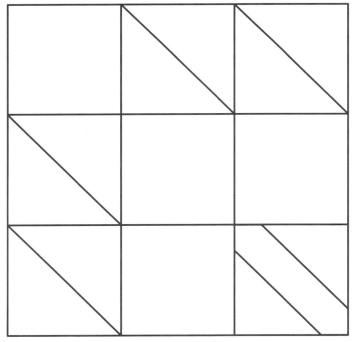

P.14 ◆ 生命の木

材料

A用布60×30cm　B用布60×30cm　C用布60×30cm　D用布（バインディング用幅4cmバイヤステープ200cm分含む）60×50cm
キルト綿、裏打ち布各40×70cm

出来上がり寸法

59.3×33.5cm

実物大型紙　とじ込み付録B①②

作り方のポイント

◆キルトの作り方順序は65ページ参照。

作り方

① ピーシングをしてトップをまとめる。
② 裏打ち布、キルト綿にトップを重ね、しつけをかけてキルティングする。
③ 周囲をバインディングで始末する。

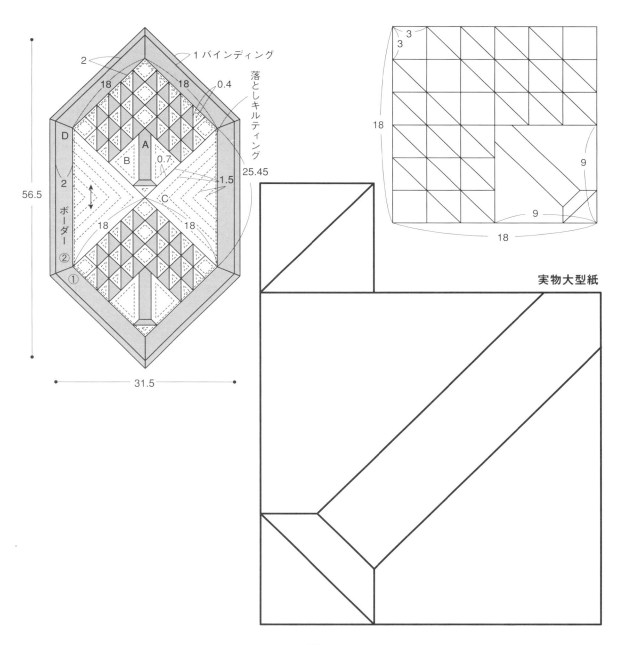

P.16 ◆ ドランカーズパス

材料
A用布(ボーダー、バインディング用幅3cmバイヤステープ240cm分含む)110×90cm　B用布(ボーダー分含む)110×40m　キルト綿、裏打ち布各60×80cm

出来上がり寸法
63.6×51.6cm

作り方のポイント
◆キルトの作り方順序は65ページ、パターンの縫い方は70ページ参照。

作り方
① ピーシングをしてトップをまとめる。
② 裏打ち布、キルト綿にトップを重ね、しつけをかけてキルティングする。
③ 周囲をバインディングで始末する。

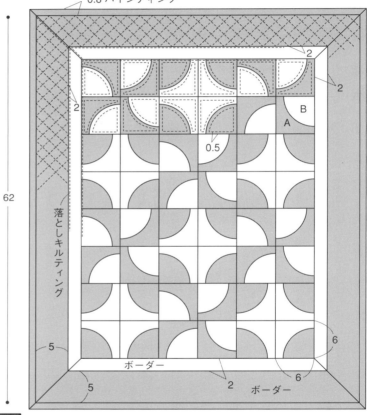

実物大型紙

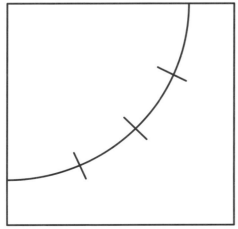

P.18 ◆ ナインパッチ

材料
A用布(バインディング用幅4cmバイヤステープ230cm分含む) 110×50cm　B用布110×30cm　C用布90×30cm　キルト綿、裏打ち布各55×65cm

出来上がり寸法
56×44cm

作り方のポイント
◆キルトの作り方順序は65ページ参照。

作り方
① ピーシングをしてトップをまとめる。
② 裏打ち布、キルト綿にトップを重ね、しつけをかけてキルティングする。
③ 周囲をバインディングで始末する。

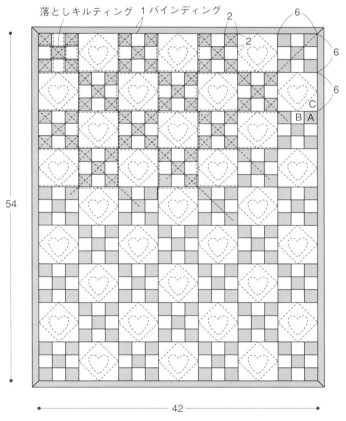

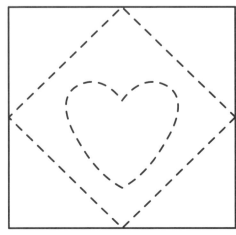

実物大型紙

P.22 ◆ オハイオスター

材料
A用布(ボーダー、バインディング用幅4cmバイヤステープ330cm分含む) 110×130cm　B用布(ボーダー分含む) 110×50cm　C用布 110×50cm　キルト綿、裏打ち布各90×100cm

出来上がり寸法
81.8×72.8cm

作り方のポイント
◆キルトの作り方順序は65ページ参照。

作り方
① ピーシングをしてトップをまとめる。
② 裏打ち布、キルト綿にトップを重ね、しつけをかけてキルティングする。
③ 周囲をバインディングで始末する。

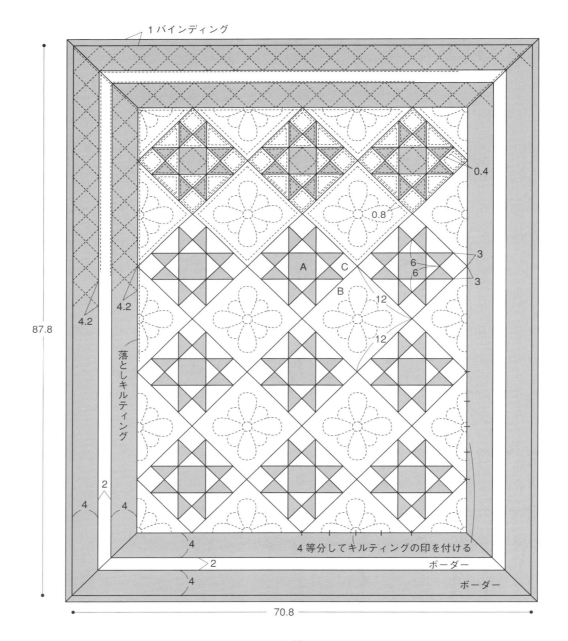

実物大型紙

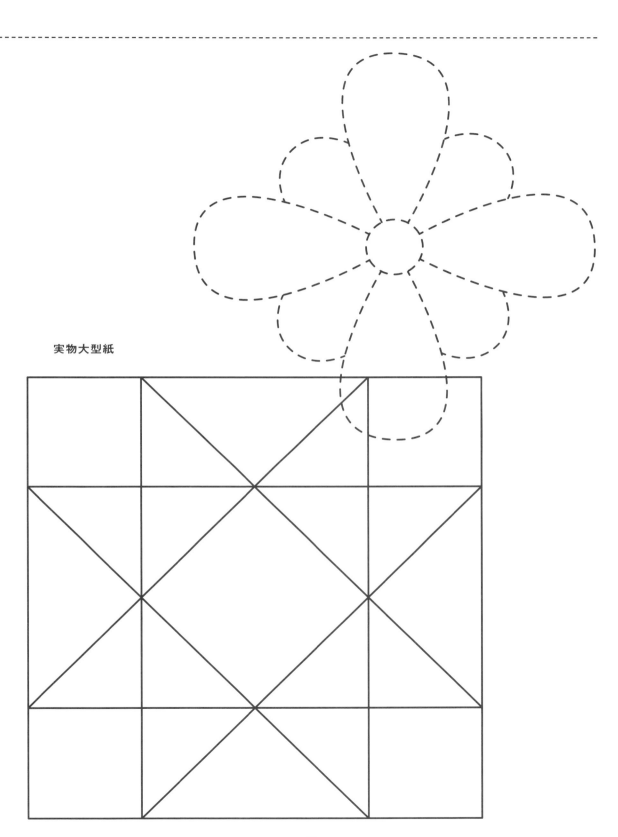

P.20 ◆ ダブルウエディングリング

材料
ピーシング用布各種　A用布(バインディング用幅4cmバイヤステープ300cm分含む)110×80cm　キルト綿、裏打ち布各60×70cm

出来上がり寸法
59×48.5cm

作り方のポイント
◆キルトの作り方順序は65ページ、パターンの縫い方は69ページ参照。

作り方
① ピーシングをしてトップをまとめる。
② 裏打ち布、キルト綿にトップを重ね、しつけをかけてキルティングする。
③ 周囲をバインディングで始末する。

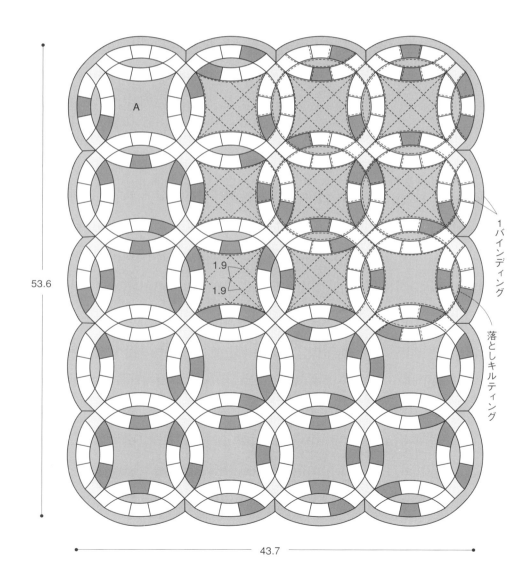

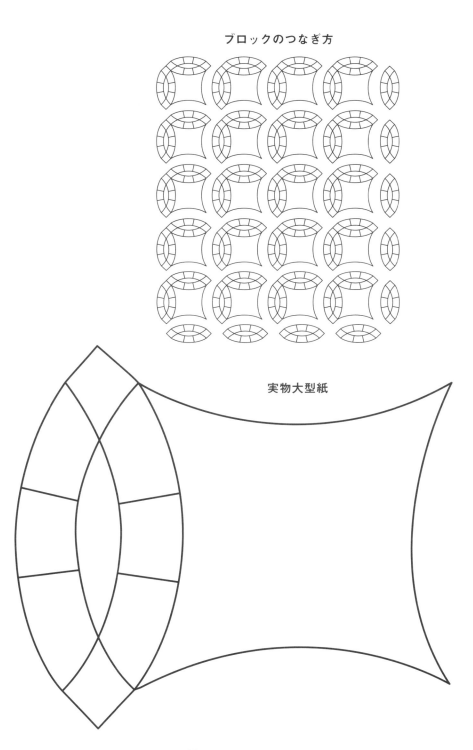

P.24 ◆ ベビーブロック

材料
ピーシング用布各種　バインディング用幅4cmバイヤステープ170cm
キルト綿、裏打ち布各45×55cm

出来上がり寸法
42.5×33.2cm

作り方のポイント
◆キルトの作り方順序は65ページ参照。

作り方
① ピーシングをしてトップをまとめる。
② 裏打ち布、キルト綿にトップを重ね、しつけをかけてキルティングする。
③ 周囲をバインディングで始末する。

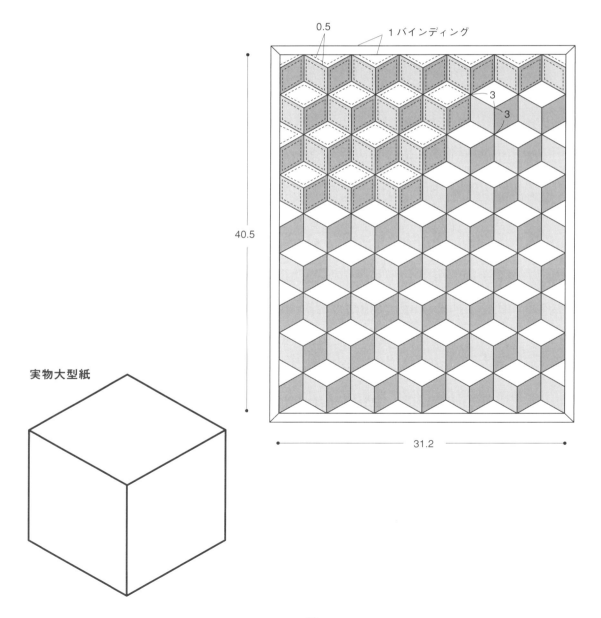

実物大型紙

P.26 ◆ ダイヤモンドナインパッチ

材料
ピーシング用布各種　A用布110×30cm　バインディング用幅4cm
バイヤステープ190cm　キルト綿、裏打ち布各50×60cm

出来上がり寸法
48.7×38cm

作り方のポイント
◆キルトの作り方順序は65ページ参照。

作り方
①ピーシングをしてトップをまとめる。
②キルト綿、裏打ち布にトップを重ね、しつけをかけてキルティングする。
③周囲をバインディングで始末する。

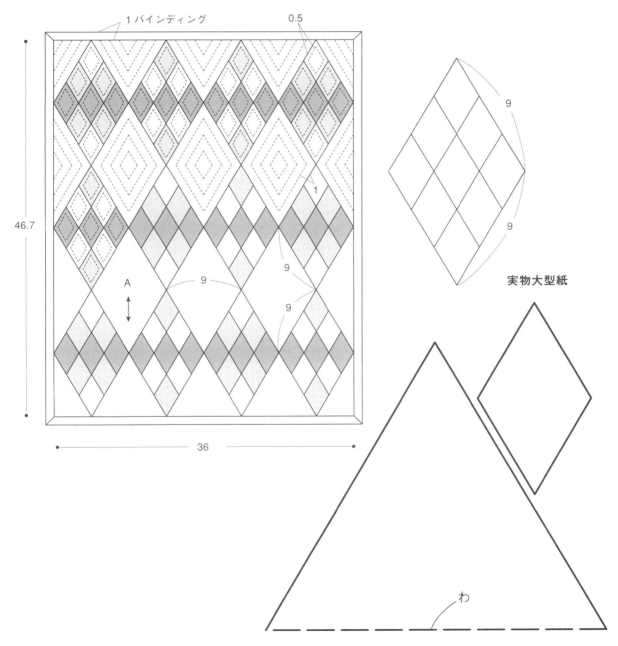

P.28 ◆ おばあちゃんの花園

材料
ピーシング用布各種　A用布(バインディング用幅4cmバイヤステープ240cm分含む)110×80cm　キルト綿、裏打ち布各60×70cm

出来上がり寸法
60×50.5cm

作り方のポイント
◆キルトの作り方順序は65ページ参照。

作り方
① ピーシングをしてトップをまとめる。
② 裏打ち布、キルト綿にトップを重ね、しつけをかけてキルティングする。
③ 周囲をバインディングで始末する。

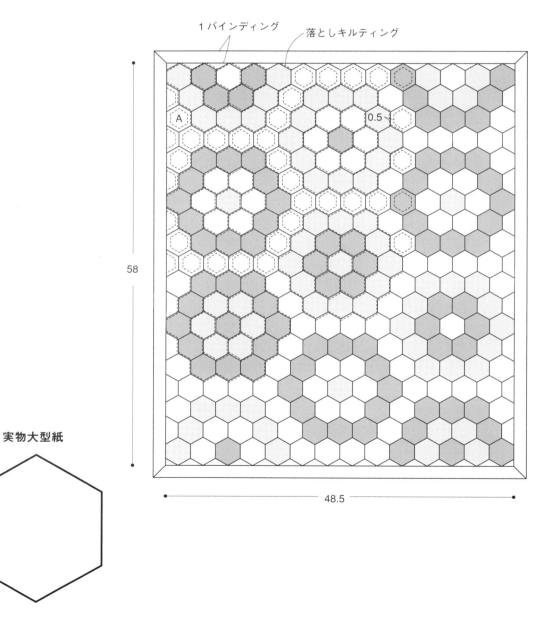

実物大型紙

P.30 ◆ おばあちゃんの花園

材料
ピーシング用布各種　A用布(ボーダー、バインディング用幅3cmバイヤステープ180cm分含む) 110×60cm　B用布85×35cm　キルト綿、裏打ち布各50×60cm

出来上がり寸法
47×37.2cm

作り方のポイント
◆キルトの作り方順序は65ページ参照。

作り方
① ピーシングをしてトップをまとめる。
② 裏打ち布、キルト綿にトップを重ね、しつけをかけてキルティングする。
③ 周囲をバインディングで始末する。

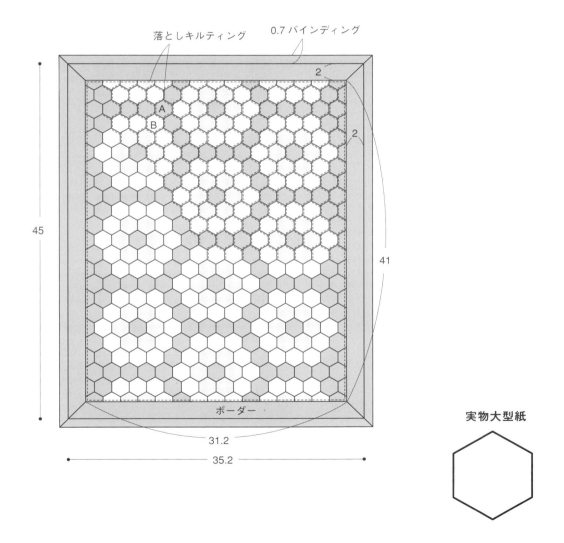

実物大型紙

P.32 ◆ ログキャビン

材料
ピーシング用布各種　ボーダー用布(バインディング用幅2cmテープ分含む)60×30cm　台布50×70cm　裏打ち布、キルト綿各50×70cm

出来上がり寸法
53.8×38cm

作り方のポイント
◆キルトの作り方順序は65ページ、パターンの縫い方は68ページ参照。
◆キルト綿は極薄タイプを使う。

作り方
①ピーシングをしてトップをまとめる。
②裏打ち布、キルト綿にトップを重ね、しつけをかけてキルティングする。
③周囲をバインディングで始末する。

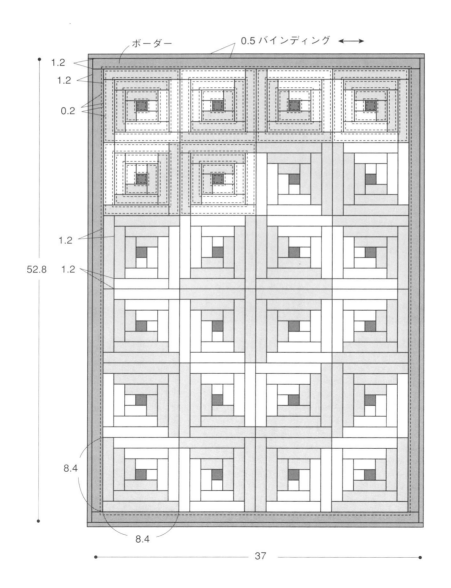

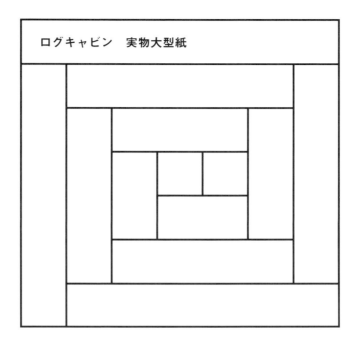

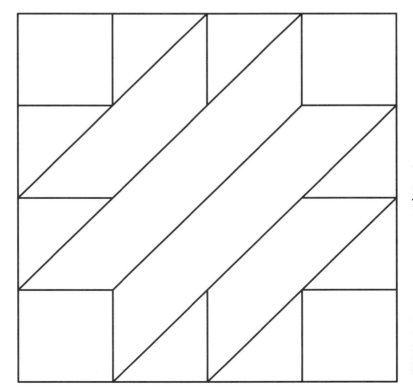

作り方74ページ　かなとこ　実物大型紙

P.36 ◆ ハンズオールアラウンド

材料
A用布(バインディング用幅4cmバイヤステープ520cm分含む)110×200cm　B用布(ボーダー、ラティス分含む)110×200cm　C用布110×50cm　キルト綿、裏打ち布各130×160cm

出来上がり寸法
137.8×109.6cm

実物大型紙　とじ込み付録A①(パターンの全体図)

作り方のポイント
◆キルトの作り方順序は65ページ、パターンの縫い方は71ページ参照。

作り方
① ピーシングをしてトップをまとめる。
② 裏打ち布、キルト綿にトップを重ね、しつけをかけてキルティングする。
③ 周囲をバインディングで始末する。

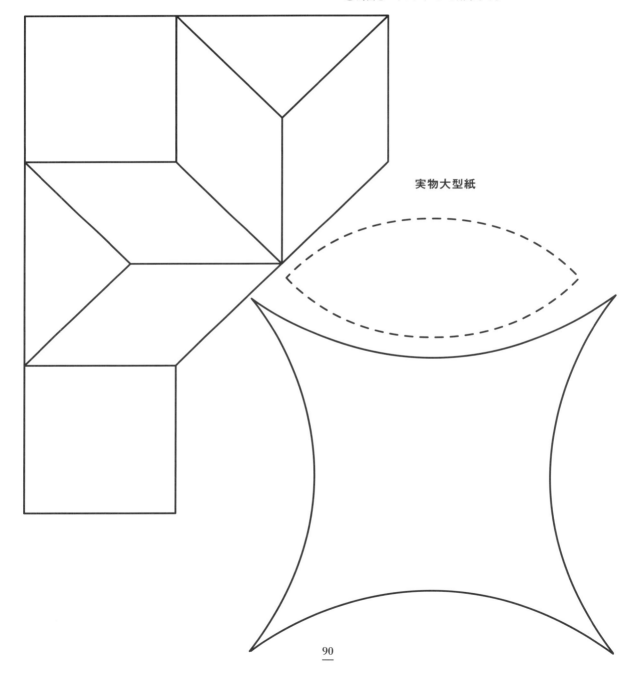

実物大型紙

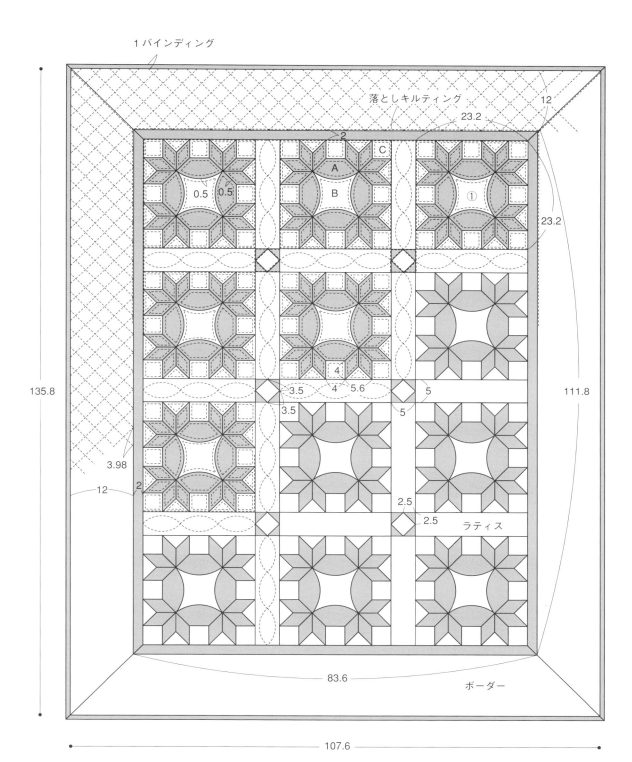

P.38 ◆ ムーンオーバーザマウンテン

材料
A用布110×30cm　B用布110×35cm　C用布(ボーダー、バインディング用幅4cmバイヤステープ480cm分含む)110×200cm　D用布(ラティス分含む)110×70cm　キルト綿、裏打ち布各120×150cm

出来上がり寸法
128×104cm

実物大型紙　とじ込み付録A②

作り方のポイント
◆キルトの作り方順序は65ページ、アップリケのしかたは70ページ参照。

作り方
① アップリケ、ピーシングをしてトップをまとめる。
② 裏打ち布、キルト綿にトップを重ね、しつけをかけてキルティングする。
③ 周囲をバインディングで始末する。

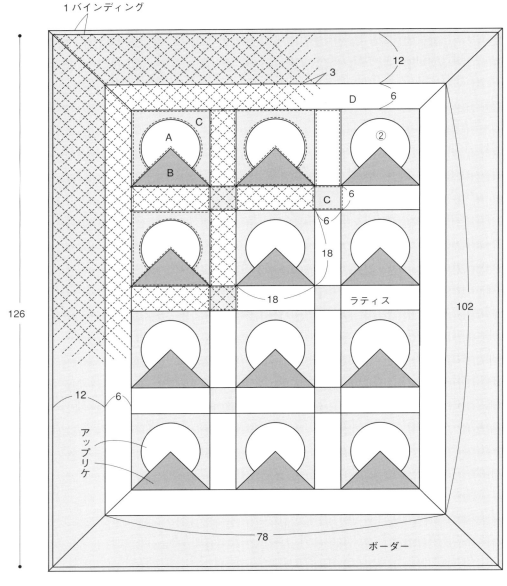

P.38 ◆ ムーンオーバーザマウンテンのクッション

材料

a用布20×20cm　b用布20×15cm　c用布(後ろ分含む)45×40cm
d用布55×25cm　キルト綿、裏打ち布各40×40cm　手芸綿適宜

出来上がり寸法

30×30cm

実物大型紙　とじ込み付録A②

作り方のポイント

◆キルトの作り方順序は65ページ、アップリケのしかたは70ページ参照。
◆中にヌードクッションを入れてもよい。

作り方

① アップリケ、ピーシングをして前のトップをまとめる。
② 裏打ち布、キルト綿に前のトップを重ね、しつけをかけてキルティングする。
③ 前と後ろを中表に合わせ、返し口を残して周囲を縫う。
④ 表に返して手芸綿を入れ、返し口をとじる。

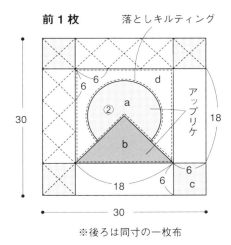

※後ろは同寸の一枚布

作り方

前と後ろを中表に合わせ
返し口を残して周囲を縫う

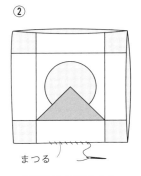

表に返して綿を入れ
返し口をまつってとじる

P.40 ◆ モンキーレンチ

材料
A用布(ボーダー、バインディング用幅4cmバイヤステープ420cm分含む) 110×120cm　B用布(ボーダー分含む) 110×60cm　C用布 110×40cm　キルト綿、裏打ち布各120×120cm

出来上がり寸法
101×101cm

作り方のポイント
◆キルトの作り方順序は65ページ参照。

作り方
① ピーシングをしてトップをまとめる。
② 裏打ち布、キルト綿にトップを重ね、しつけをかけてキルティングする。
③ 周囲をバインディングで始末する。

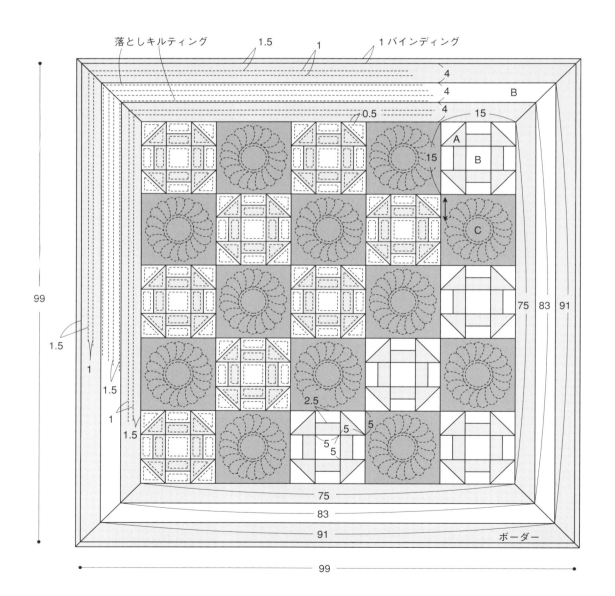

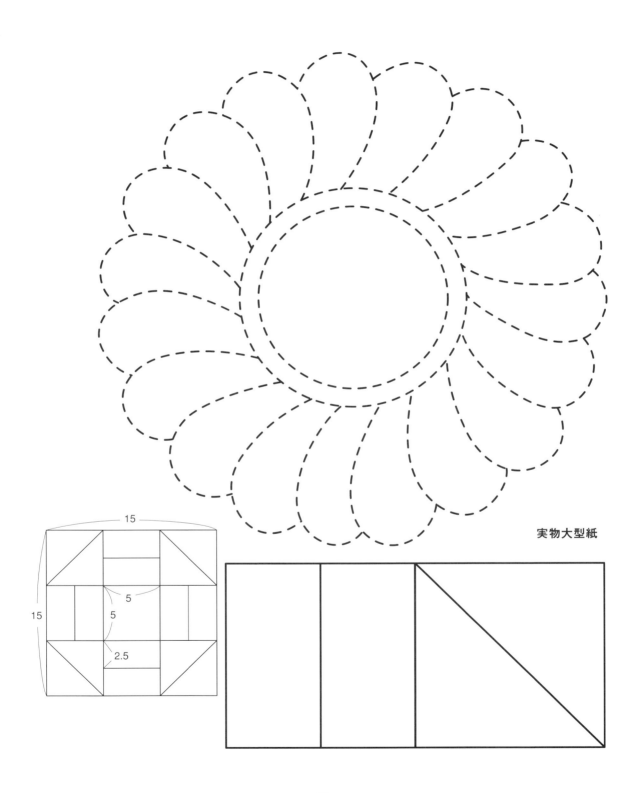

実物大型紙

P.42 ◆ カンザストラブル

材料

A用布110×50cm　B用布110×50cm　C用布110×120cm　D用布(バインディング用幅4cmバイヤステープ440cm分含む)110×80cm　ボーダー用布45×120cm　キルト綿、裏打ち布各110×135cm

出来上がり寸法

116×92cm

作り方のポイント

◆キルトの作り方順序は65ページ参照。

作り方

① ピーシングをしてトップをまとめる。
② 裏打ち布、キルト綿にトップを重ね、しつけをかけてキルティングする。
③ 周囲をバインディングで始末する。

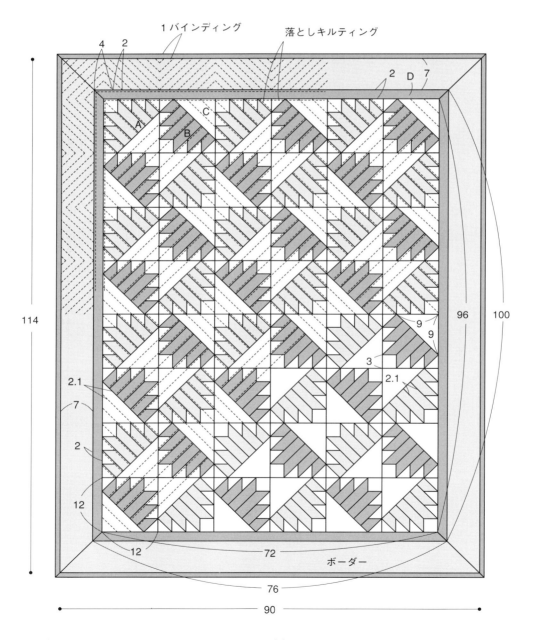

実物大型紙

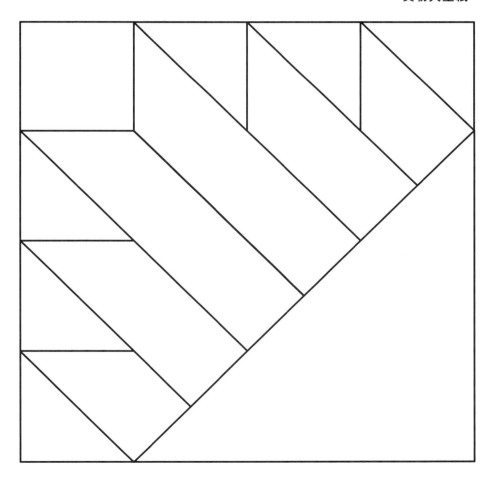

P.44 ◆ コロニアルバスケット

材料
ピーシング、アップリケ用布各種　ボーダー用布(ラティス、バインディング用幅4cmバイヤステープ460cm分含む) 110×180cm　A用布 90×75cm　B用布(ピーシング分含む) 110×40cm　キルト綿、裏打ち布各125×135cm

出来上がり寸法
118×106cm

作り方のポイント
◆キルトの作り方順序は65ページ参照。

作り方
①ピーシング、アップリケをしてトップをまとめる。
②裏打ち布、キルト綿にトップを重ね、しつけをかけてキルティングする。
③周囲をバインディングで始末する。

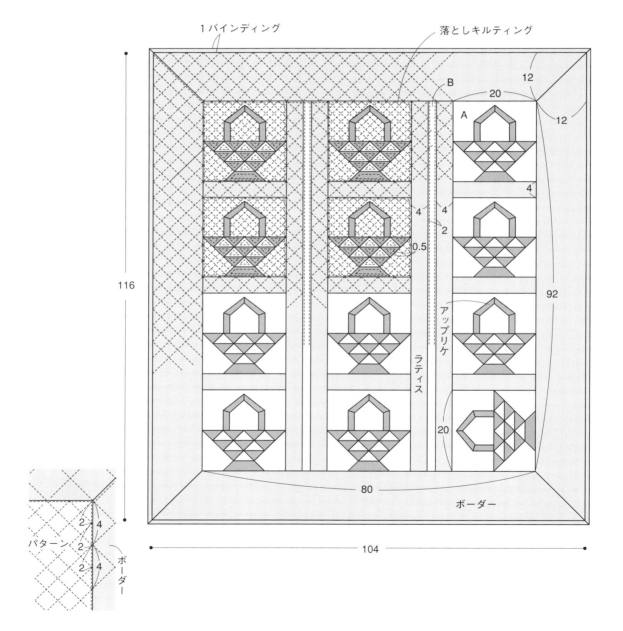

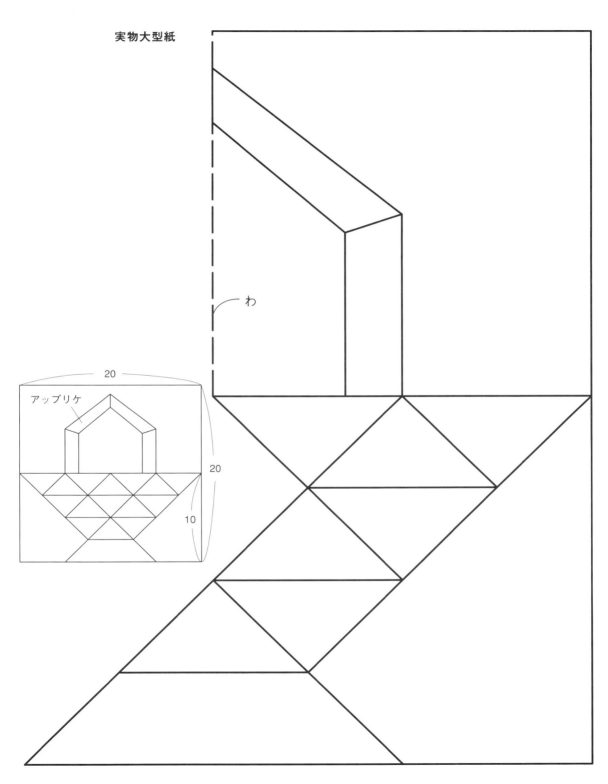

P.46 ◆ ハネムーンコテージ

材料
A用布110×100cm　B用布85×30cm　C用布110×80cm　ボーダー用布(ラティス、バインディング用幅4cmバイヤステープ500cm分含む) 110×180cm　キルト綿、裏打ち布各135×145cm

出来上がり寸法
125×118cm

実物大型紙　とじ込み付録A③

作り方のポイント
◆キルトの作り方順序は65ページ参照。

作り方
① ピーシングをしてトップをまとめる。
② 裏打ち布、キルト綿にトップを重ね、しつけをかけてキルティングする。
③ 周囲をバインディングで始末する。

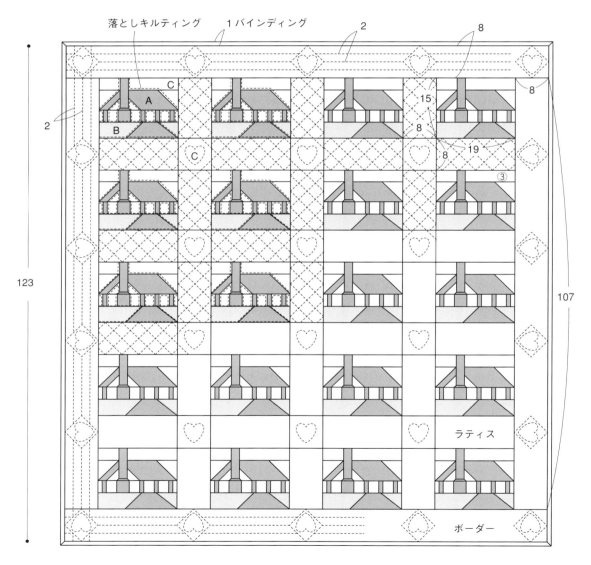

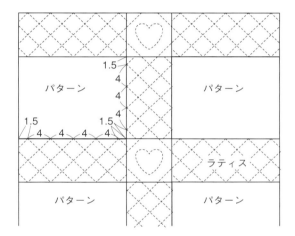
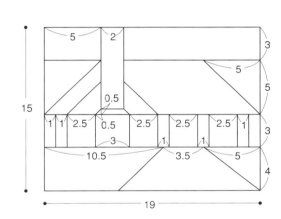

実物大型紙

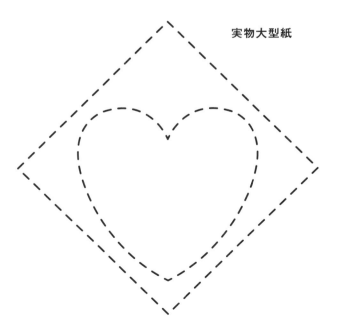

P.48 ◆ 湖の乙女

材料
A用布(ボーダー、バインディング用幅4cmバイヤステープ500cm分含む)110×300cm　B用布110×200cm　キルト綿、裏打ち布各115×165cm

出来上がり寸法
96.2×147cm

作り方のポイント
◆キルトの作り方順序は65ページ参照。

作り方
① ピーシングをしてトップをまとめる。
② 裏打ち布、キルト綿にトップを重ね、しつけをかけてキルティングする。
③ 周囲をバインディングで始末する。

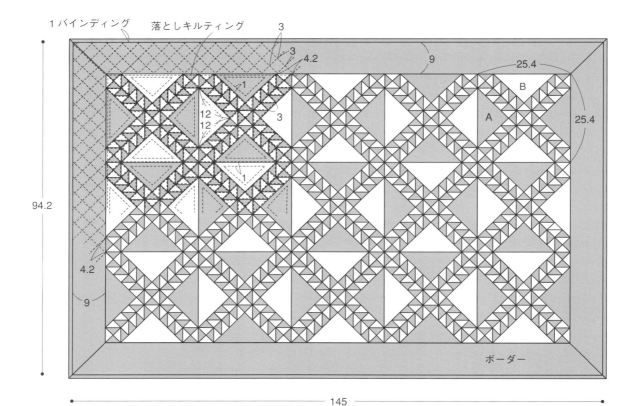

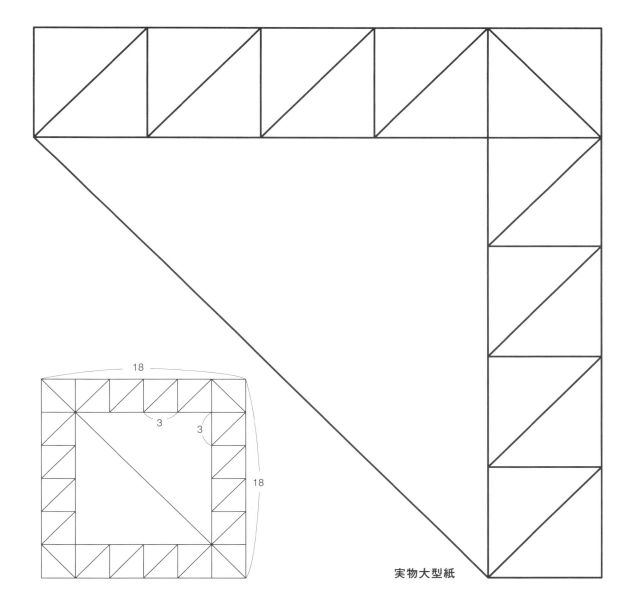

実物大型紙

P.50 ◆ きつねとがちょう

材料
ピーシング用布各種　A用布(ボーダー分含む)110×190cm　バインディング用幅4cmバイヤステープ500cm　キルト綿、裏打ち布各130×150cm

出来上がり寸法
132×112cm

作り方のポイント
◆キルトの作り方順序は65ページ参照。

作り方
① ピーシングをしてトップをまとめる。
② 裏打ち布、キルト綿にトップを重ね、しつけをかけてキルティングする。
③ 周囲をバインディングで始末する。

実物大型紙

P.52 ◆ フェザースター

材料
A用布(バインディング用幅4cmバイヤステープ540cm分含む)110×230cm　B用布110×300cm　キルト綿、裏打ち布各150×150cm

出来上がり寸法
130×130cm

実物大型紙　とじ込み付録A④

作り方のポイント
◆キルトの作り方順序は65ページ参照。

作り方
① ピーシングをしてトップをまとめる。
② 裏打ち布、キルト綿にトップを重ね、しつけをかけてキルティングする。
③ 周囲をバインディングで始末する。

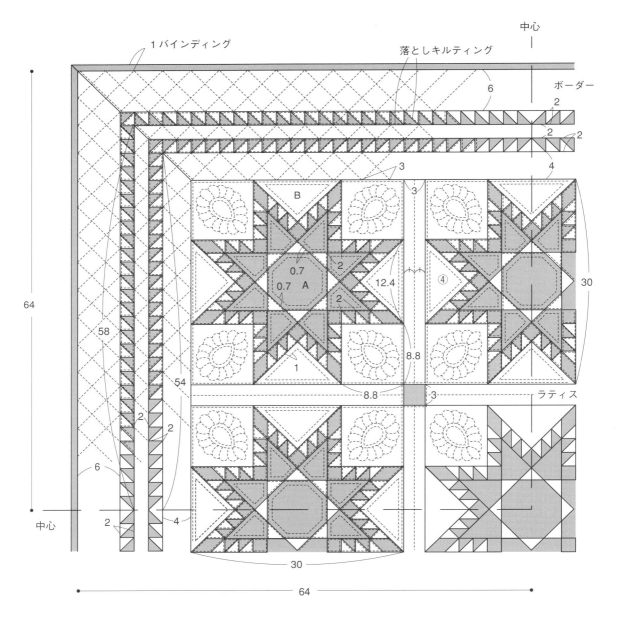

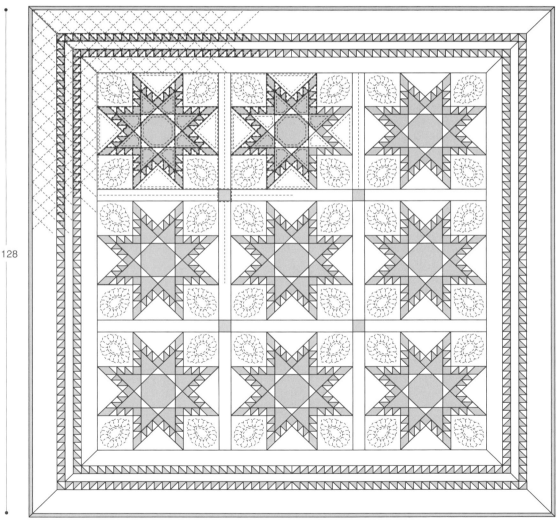

P.56 ◆ ノースカロライナリリー

材料
A用布 110×100cm　B用布 110×70cm　C用布 110×10cm　D用布(ボーダー分含む) 110×380cm　ボーダー用布(バインディング用幅4cmバイヤステープ800cm分含む) 110×240cm　キルト綿、裏打ち布各 195×230cm

出来上がり寸法
212×176cm

実物大型紙　とじ込み付録B③～⑤

作り方のポイント
◆キルトの作り方順序は65ページ参照。

作り方
① ピーシング、アップリケをしてトップをまとめる。
② 裏打ち布、キルト綿にトップを重ね、しつけをかけてキルティングする。
③ 周囲をバインディングで始末する。

P.57 ◆ ノースカロライナリリーのクッション

材料
a用布50×10cm　b用布35×15cm　c用布10×10cm　d用布45×45cm　e用布(後ろ分含む)80×40cm　キルト綿、裏打ち布各40×40cm　36×36cmヌードクッション1個

出来上がり寸法
36×36cm

実物大型紙　とじ込み付録B③

作り方のポイント
◆キルトの作り方順序は65ページ参照。
◆クッションには手芸綿を入れてもよい。

作り方
① ピーシング、アップリケをして前のトップをまとめる。
② 裏打ち布、キルト綿にトップを重ね、しつけをかけてキルティングする。
③ 前と後ろを中表に合わせ、返し口を残して周囲を縫う。
④ 表に返してヌードクッションを入れ、返し口をとじる。

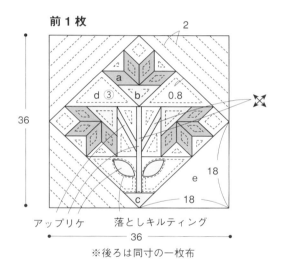

※後ろは同寸の一枚布

作り方

前と後ろを中表に合わせ
返し口を残して周囲を縫う

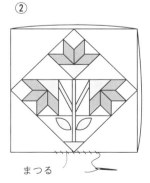

表に返してヌードクッションを入れ
返し口をまつってとじる

P.60 ◆ ファーマーズディライト

材料
ピーシング用布各種　アップリケ用布(バインディング用幅4cmバイヤステープ780cm分含む)110×170cm　ボーダー用布(ピーシング分含む)110×520cm　キルト綿、裏打ち布各210×210cm

出来上がり寸法
190×190cm

実物大型紙　とじ込み付録B⑥⑦

作り方のポイント
◆キルトの作り方順序は65ページ、トラプントのしかたは72ページ参照。

作り方
① ピーシング、アップリケをしてトップをまとめる。
② 裏打ち布、キルト綿にトップを重ね、しつけをかけてキルティングする。
③ 周囲をバインディングで始末する。

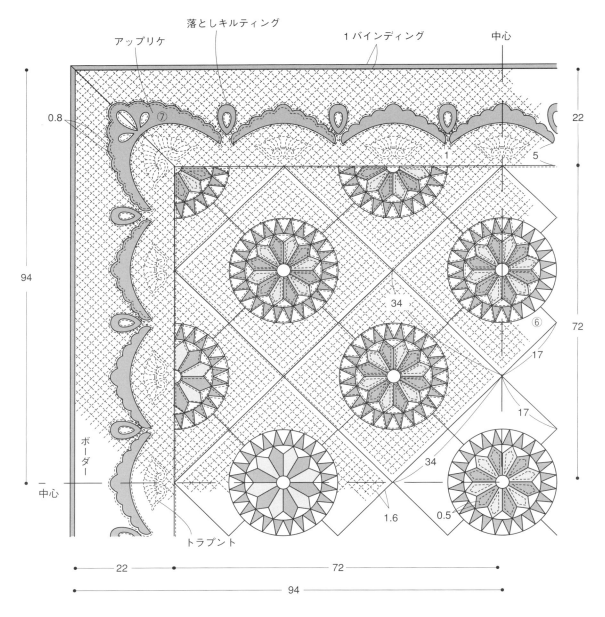

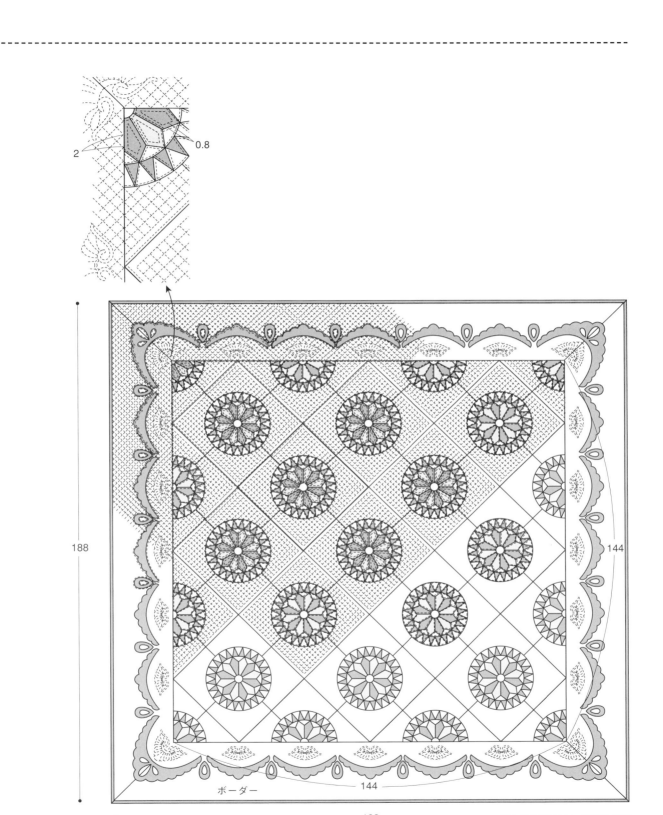

P.58 ◆ ワイルドグースチェイス

材料

A用布各種　B用布110×20cm　C用布110×280cm　D用布(ボーダー分含む)110×400cm　バインディング用幅4cmバイヤステープ800cm　キルト綿、裏打ち布各210×230cm

出来上がり寸法

212×178cm

実物大型紙　とじ込み付録B⑧⑨

作り方のポイント

◆キルトの作り方順序は65ページ参照。

作り方

① ピーシングをしてトップをまとめる。
② 裏打ち布、キルト綿にトップを重ね、しつけをかけてキルティングする。
③ 周囲をバインディングで始末する。

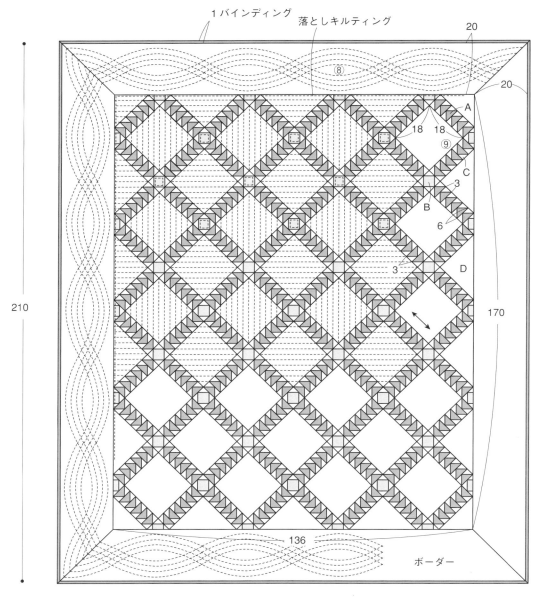

P.62 ◆ ハニービーのクッション

材料

A用布10×5cm　B用布40×20cm　C用布90×30cm　D用布70×20cm　後ろ用布、キルト綿、裏打ち布各60×35cm　30×54cm　ヌードクッション1個

出来上がり寸法

30×54cm

実物大型紙　とじ込み付録A⑤（パターンの全体図）

作り方のポイント

◆キルトの作り方順序は65ページ参照。
◆クッションには手芸綿を入れてもよい。

作り方

① ピーシング、アップリケをして前のトップをまとめる。
② 裏打ち布、キルト綿にトップを重ね、しつけをかけてキルティングする。
③ 前と後ろを中表に合わせ、返し口を残して周囲を縫う。
④ 表に返してヌードクッションを入れ、返し口をとじる。

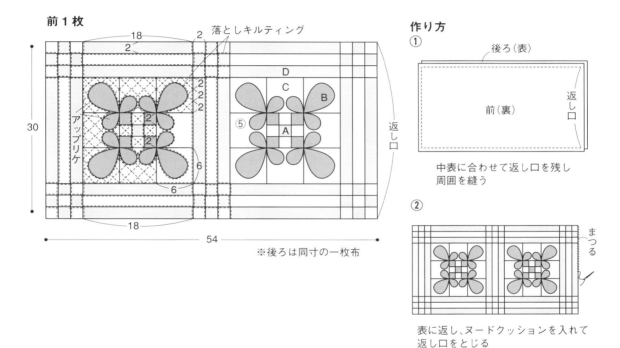

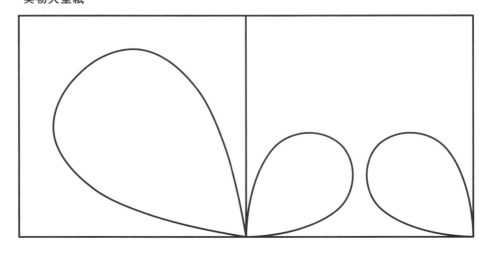

P.62 ◆ テディベア

材料
各パーツ用布各種　キルト綿10×10cm　手芸綿適宜

出来上がり寸法
高さ39cm

実物大型紙　とじ込み付録A⑥〜⑯

作り方のポイント
◆耳は内側カーブが前になるように付ける。

作り方
① 各パーツをカットし、頭、胴、手、足をまとめる。
② 胴に頭、手、足を中表に合わせて縫う。
③ 表に返して背中の返し口から綿を詰めて返し口をとじる。

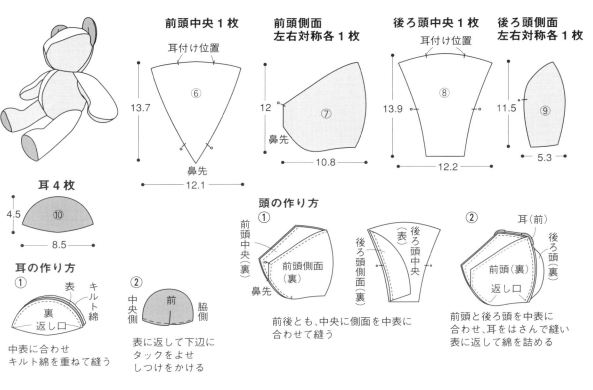

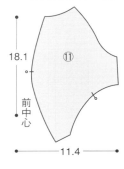

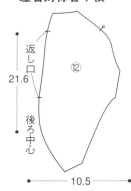

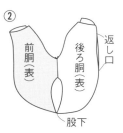

足左右対称各1枚

15.5
19.6
脇
股下
前側
⑬

足底2枚

7.7
5
⑭

足の作り方

わ
裏
足底(表)

足を中表に二つ折りして
輪に縫い、足底を中表に
合わせて縫う
表に返して綿を詰める

手の作り方

手上側(表)
手下側(裏)

上側と下側を中表に
合わせて縫う
表に返して綿を詰める

手上側左右対称各1枚　手下側左右対称各1枚

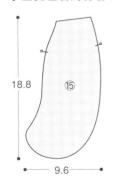

18.8
9.6
⑮

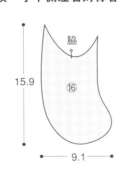

脇
15.9
9.1
⑯

まとめ方

①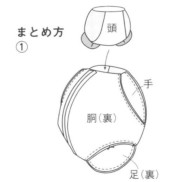

頭
手
胴(裏)
足(裏)

胴と足を中表に合わせて縫う
手と頭のパーツも同様に縫う

②

まつる
綿

表に返し、綿を詰めて
返し口をまつってとじる

P.62 ◆ ねこ

材料
ピーシング用布(耳前、しっぽ分含む)50×15cm　胴用布(耳後ろ、しっぽ分含む)90×40cm　キルト綿、裏打ち布各30×40cm　手芸綿適宜

出来上がり寸法
40×26cm

作り方のポイント
◆キルトの作り方順序は65ページ参照。

作り方
① ピーシングをして胴前としっぽ前のトップをまとめる。
② 裏打ち布、キルト綿に胴前のトップを重ね、しつけをかけてキルティングする。
③ 耳としっぽを作る。
④ 胴を中表に合わせ、耳としっぽをはさみ、返し口を残して縫う。
⑤ 表に返して綿を詰めて返し口をとじる。

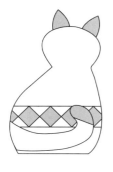

胴左右対称各1枚

※後ろは一枚布

しっぽ左右対称各1枚

※後ろは一枚布

耳左右対称各2枚

しっぽの作り方

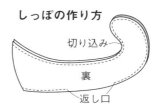

中表に合わせ、返し口を残して周囲を縫う
表に返して返し口から綿を詰め
まつってとじる

耳の作り方

中表に合わせて
キルト綿を重ね
周囲を縫って
表に返す

作り方

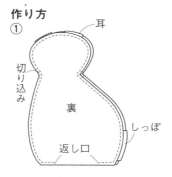

①
胴を中表に合わせ
耳としっぽをはさみ
返し口を残して縫う

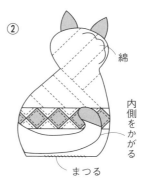

②
表に返して綿を詰め
返し口をとじる
しっぽと胴を内側でかがる

116

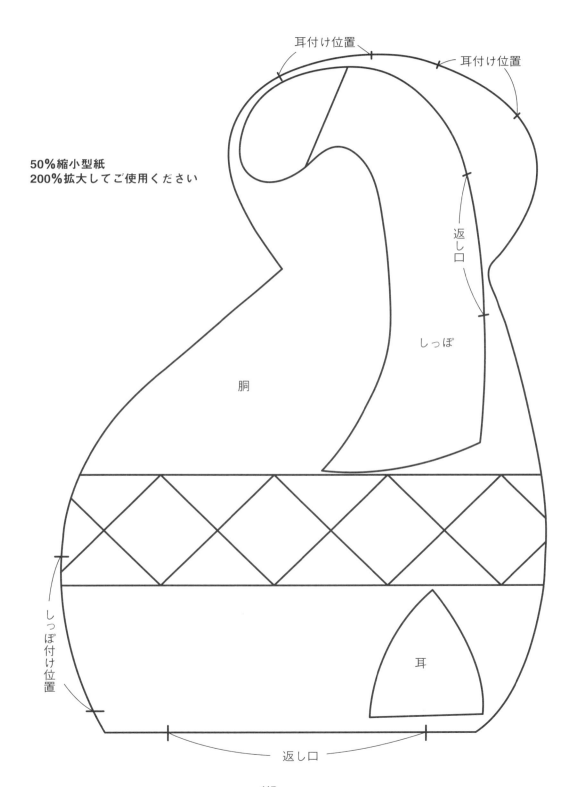

P.62 ◆ あひる

材料
胴用布60×25cm　手芸綿適宜

出来上がり寸法
21.5×27.5cm

作り方のポイント
◆キルトの作り方順序は65ページ参照。

作り方
①胴を中表に合わせ、返し口を残して周囲を縫う。
②表に返して綿を詰めて返し口をとじる。

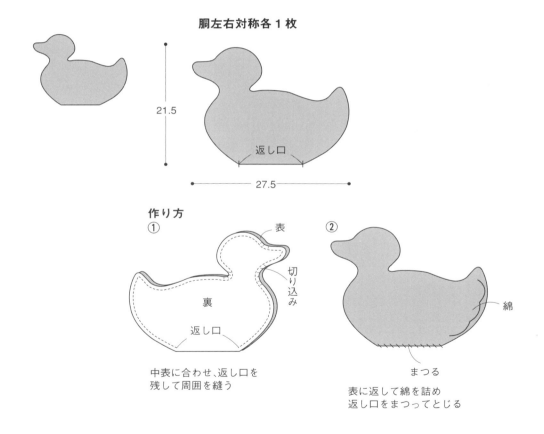

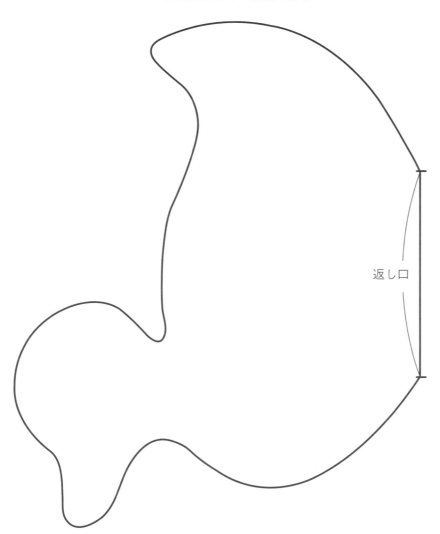

50%縮小型紙
200%拡大してご使用ください

返し口

Profile

有岡由利子　Yuriko Arioka
コットンハウス ARIOKA オーナー、キルト作家。
1977 年にお店をオープンしてからずっとトラディショ
ナルキルトを作り続け、お教室を開講している。丁
寧にきれいに縫うコツを教え、きちんとした美しいト
ラディショナルキルトにファンも多い。多くのキルト
展に作品を出品するほか、メーカーとの商品開発、ファ
ブリックデザインも手がけている。著書に『有岡由利
子のまいにちのパッチワークキルト』『暮らしを楽し
む布小もの』（共に日本ヴォーグ社）がある。

コットンハウス ARIOKA

〒 603-8053
京都府京都市北区上賀茂岩ケ垣内町 89-5
tel 075-722-2871
fax 075-702-9030
http://www.arioka.com

制作協力

門之園洋子
窪田登美子
武山眞弓
古田成美
細田香里

協力

株式会社 moda Japan
〒 540-0027
大阪市中央区鎗屋町 2-2-5
tel 06-6360-9240
http://www.moda-japan.com

山忠棉業株式会社
〒 550-0002
大阪市西区江戸堀 1-10-8
tel 06-6441-1350

株式会社 KAWAGUCHI
〒 103-0022
東京都中央区日本橋室町 4-3-7
tel 03-3241-2101
http://www.kwgc.co.jp

Staff

デザイン
橘川幹子

撮影
宮濱祐美子
山本和正（俯瞰撮影）

作図
大島 幸

編集
恵中綾子（グラフィック社）

Traditional Quilts
作ってみたいトラディショナルキルト
シンプルで美しいキルトのための
25 のパターンときれいに作るコツ

2019 年 1 月 25 日　初版第 1 刷発行

著　者：有岡由利子
発行者：長瀬　聡
発行所：株式会社グラフィック社
　　　　〒 102-0073
　　　　東京都千代田区九段北 1-14-17
　　　　tel 03-3263-4318（代表）
　　　　　　 03-3263-4579（編集）
　　　　fax 03-3263-5297
　　　　郵便振替　00130-6-114345
　　　　http://www.graphicsha.co.jp

印刷・製本：株式会社シナノ パブリッシング プレス

定価はカバーに表示してあります。
乱丁・落丁本は、小社業務部宛にお送りください。小社送料
負担にてお取り替えいたします。
著作権法上、本書掲載の写真・図・文の無断転載・借用・複
製は禁じられています。
本書のコピー、スキャン、デジタル化等の無断複製は著作権
法上の例外を除き禁じられています。本書を代行業者等の第三
者に依頼してスキャンやデジタル化することは、たとえ個人や
家庭内での利用であっても著作権法上認められておりません。

©Yuriko Arioka 2019 Printed in Japan
ISBN978-4-7661-3137-6　C2077